Strafrecht Allgemeiner Teil

Vorwort

Diese Karteikarten sollen dem Verwender einen grundlegenden Überblick über den Allgemeinen Teil des Strafrechts geben. Sie konzentrieren sich dabei auf das erforderliche Standardwissen eines jeden Jurastudenten, Diplom-(Wirtschafts-)Juristen und Rechtsreferendars, das in Klausuren während des Studiums, im ersten und zweiten juristischen Staatsexamen sowie in mündlichen Prüfungen verlangt wird. Die Karteikarten sind als eine Lernhilfe zu verstehen, die das Selbststudium mit Lehrbüchern und Kommentaren nicht ersetzen, sondern effektiv ergänzen möchten. Ihr Lernziel sollte es sein, sich die Inhalte der Karteikarten zu Ihrem aktiven, in der Klausur und der mündlichen Prüfung frei reproduzierbaren Wissen anzueignen.

Schlüsselwörter, wie sie in Klausuren gerne gelesen und in mündlichen Prüfungen gerne gehört werden, sind fett markiert. Literaturhinweise, die vordergründig mit Standardliteratur (*Lackner/Kühl*, StGB-Kommentar, *Wessels/Beulke/Satzger*, Strafrecht Allgemeiner Teil; *Heinrich*, Strafrecht Allgemeiner Teil; *Roxin*, Strafrecht Allgemeiner Teil II, *Jäger*, Strafrecht Allgemeiner Teil; *Kühl*, Strafrecht Allgemeiner Teil; *Kindhäuser*, Strafrecht Allgemeiner Teil) versehen sind, dienen nicht dazu, umfassende Nachweise für die Inhalte wieder zu geben, sondern sollen Sie lediglich auf Fundstellen hinweisen. Sofern Sie sich mit den Literaturhinweisen intensiver befassen, können Sie auch gut an den entsprechenden Stellen eigene, vertiefende Karteikarten einfügen und so die Effektivität des Karteikartensatzes auf Ihre individuellen Stärken und Schwächen anpassen.

Für Ihre juristische Ausbildung wünschen Ihnen der Verfasser und der

Göttingen, November 2015

Abkürzungen

Folgende Abkürzungen werden verwendet:

a. A.	andere Ansicht
a. E.	am Ende
Anl.	Anlage
Aufl.	Auflage
BGH	Bundesgerichtshof
bzgl.	bezüglich
evtl.	eventuell
h. L.	herrschende Lehre
i. R. d.	im Rahmen des/der
i. S. d.	im Sinne des/der
i. V. m.	in Verbindung mit
KK	Karkeikarte(n)
Lit.	Literatur
Nr.	Nummer
obj.	objektiv/e
o.g.	oben genannte(r/n)
ProstG	Prostitutionsgesetz
Rspr.	Rechtsprechung
RWK	Rechtswidrigkeit
RG	Reichsgericht Strafsachen
S.	Satz
subj.	subjektiv/e
s. u.	siehe unten
teilw.	teilweise
u. a.	unter anderem/n
Überbl	Überblick
Urt.	Urteil
usw.	und so weiter
v.	von/m
Vor.	Voraussetzung/en
Ziff.	Ziffer
zeitl.	zeitlich
zw.	zwischen

Karteikarten 1 bis 34

Karteikarten 35 bis 62

Lektorat: Dr. Benjamin Steinhilber,
Wiss. Mit. a.D. Jur. Fakultät Tübingen

Lektion 1: Verbrechensaufbau

Nennen Sie das Grundprüfungsschema des vorsätzlichen vollendeten Begehungsdelikts nach gängiger Lehre!

Literatur: *Kühl*, Strafrecht AT, 7. Aufl., § 1 Rn. 24; *Heinrich*, StrafR AT, 4. Aufl., §§ 7, 8 II.

Verbrechensaufbau

I. Tatbestand

1. Objektiver Tatbestand
   a) Besondere Tätermerkmale (nicht zu prüfen bei Allgemeindelikten)
   b) Tathandlung
   c) Erfolgseintritt (nicht zu prüfen bei Tätigkeitsdelikten)
   d) Kausalität
   e) Objektive Zurechnung
2. Subjektiver Tatbestand
   a) Vorsatz bzgl. aller Merkmale des objektiven Tatbestandes
   b) Sonstige subjektive Tatbestandsmerkmale (zB Zueignungsabsicht bei § 242)
3. Tatbestandsannex: Objektive Bedingungen der Strafbarkeit (zB Rauschtat bei § 323a)

II. Rechtswidrigkeit

Fehlen von Rechtfertigungsgründen

III. Schuld

1. Schuldfähigkeit (§§ 19-21)
2. Fehlen von Entschuldigungsgründen (§§ 33, 35)
3. Unrechtsbewusstsein (§ 17)
4. Deliktsspezifische Schuldmerkmale (zB in §§ 157, 225)

IV. Persönl. Strafausschließungs- bzw. Strafaufhebungsgründe

V. Strafzumessung

VI. Strafverfolgungsvoraussetzungen oder -hindernisse

Lektion 3: Subjektiver Tatbestand: Irrtum über Handlungsobjekt/ Kausalverlauf

Wann spricht man von einem Irrtum über das Handlungsobjekt?

Worauf kommt es beim error in persona vel objecto an und wie wird er behandelt?

Bsp. 1: A weiß, dass B jeden Abend auf dem Nachhauseweg die Abkürzung über einen nicht beleuchteten Feldweg nimmt. Er lauert dem B daher eines Abends am Rande des Feldweges auf, um ihn zu erschießen. Als er eine Person auf dem Feldweg sieht, geht er davon aus, dass es sich um den B handele und drückt ab. Tatsächlich handelt es sich jedoch um C, der seinen Hund sucht. C stirbt noch am Tatort. Strafbarkeit des A?

Bsp. 2: A hasst den Hund H des B. Er heckt daher einen Plan aus, wie er H töten kann. Da B den H jeden Nachmittag im an sein Grundstück angrenzenden Waldstück spazieren führt, legt sich A in diesem Waldstück auf die Lauer, um den H mit einem gezielten Schuss aus seiner Schrotflinte zu töten. Als er im Dickicht den H zu sehen denkt, drückt er ab – in Wirklichkeit handelte es sich jedoch um den B, der Pilze sammelte und tödlich getroffen wird. Strafbarkeit des A?

Was versteht man unter einem Irrtum über den Kausalverlauf u. auf welchen Prüfungspunkt im objektiven Tatbestand muss besonderes Gewicht gelegt werden?

Wann führt ein Irrtum über den Kausalverlauf zum Vorsatzausschluss?

Literatur: *Lackner/Kühl*, 28. Auflage, § 15 Rn. 13f; *Heinrich*, StrafR AT, 4. Aufl., § 30 II 2; *Wessels/Beulke/Satzger*, StrafR AT, 45. Aufl., Rn. 360; *Beulke*, KLK III, 4. Aufl., Rn. 266; *Kühl*, Strafrecht AT, 7. Aufl., § 13 Rn. 17ff.

Subjektiver Tatbestand: Irrtum über Handlungsobjekt/ Kausalverlauf

Ein Irrtum über das Handlungsobjekt (error in persona vel objecto) liegt vor bei **Fehlvorstellungen, die sich auf die Identität oder sonstige Eigenschaften der betroffenen Person oder des Tatobjekts beziehen.**

Die Frage beim error in persona vel objecto ist, ob sich die strafrechtliche Behandlung ändern würde, wenn die Vorstellung des Täters zutreffend wäre. Dabei wird unterschieden zwischen der tatbestandlichen Gleichwertigkeit und Ungleichwertigkeit des vorgestellten und tatsächlich angegriffenen Objektes. Sind vorgestelltes und tatsächlich anvisiertes Objekt **gleichwertig**, wirkt sich der Irrtum des Täters auf seine Strafbarkeit nicht aus. Bezugspunkt des Vorsatzes sind nur die in § 16 I 1 erwähnten äußeren Tatumstände (z.B. „Mensch"), nicht aber die Motive des Täters (z.B. Hass auf einen ganz bestimmten Menschen). Es handelt sich demnach um einen **unbeachtlichen Motivirrtum**, sodass der Irrtum nicht beachtlich ist. Im Bsp. 1 wäre A wegen vollendeten Totschlags gem. § 212 strafbar. Sind hingegen das vorgestellte und tatsächlich angegriffene Tatobjekt **nicht gleichwertig** (wie im Bsp. 2), entfällt der Vorsatz des Täters nach § 16 I 1. Dann ist der Täter **nur wegen Versuchs bzgl. des vorgestellten Objekts** strafbar (sofern der Versuch dieses Delikts strafbar ist), ggf. in Tateinheit mit fahrlässiger Tatbegehung bzgl. des getroffenen Objekts (sofern die fahrl. Begehungsweise unter Strafe steht). Im Bsp. 2 wäre A dadurch, dass er dachte, es handele sich um den Hund H, wegen versuchter Sachbeschädigung gem. §§ 303 III, 22, 23 I in Tateinheit mit fahrl. Tötung gem. § 222 strafbar.

Dies ist ein Irrtum, bei dem sich der Täter über die **Art und Weise der Herbeiführung eines angestrebten Erfolgs** irrt. Die Kausalität gehört zum obj. Tatbestand, somit muss sich auch der Vorsatz auf diese beziehen.

Auf die **objektive Zurechnung**! Liegt ein atypischer, völlig ungewöhnlicher Kausalverlauf vor, scheitert die Prüfung bereits im obj. Tatbestand, sofern man nicht auf dem Boden der Rechtsprechung die Rechtsfigur der objektiven Zurechnung ablehnt.

Ein Irrtum über den Kausalverlauf führt nach der **Rspr**. dann nicht zum Vorsatzausschluss, wenn sich die Abweichung noch innerhalb der **Grenzen des nach allgemeiner Lebenserfahrung Vorhersehbaren** befindet und keine andere Bewertung der Tat rechtfertigt.

Lektion 3: Subjektiver Tatbestand: Irrtum über den Kausalverlauf

Welche Probleme werfen Abweichungen vom vorgestellten Kausalverlauf bei mehraktigem Geschehen auf?

Bsp.: A erfährt von der Affäre seiner Frau F und stellt sie zur Rede. Das sich entwickelnde heftige Wortgefecht endet damit, dass A seine Frau die Treppe hinunter wirft und sie regungslos liegen bleibt. A geht davon aus, dass F tot ist, lädt sie in den Kofferraum seines Autos, fährt zum nahe gelegenen Stausee und wirft F hinein. In Wirklichkeit war F infolge des Treppensturzes nur bewusstlos und starb erst durch Ertrinken. Strafbarkeit des A?

Literatur: *Kühl*, Strafrecht AT, 7. Aufl., § 13 Rn. 41ff; *Heinrich*, StrafR AT, 4. Aufl., § 30 II 2 Rn. 1092ff.

Subjektiver Tatbestand: Irrtum über den Kausalverlauf

Das Problem des Irrtums über den Kausalverlauf bei mehraktigem Tatgeschehen ist, dass der Täter den Handlungsablauf derart falsch beurteilt, dass er den Erfolg bereits durch den ersten Akt verwirklicht zu haben glaubt, erst die Verdeckung der Tat aber zum Erfolg führt. Fraglich ist dabei zunächst, ob im Rahmen des objektiven Tatbestands nicht schon die **objektive Zurechnung** ausgeschlossen werden kann. Es ist nicht die typische Gefahr eines Treppensturzes, dass man ertrinkt. So könnte im Herunterwerfen der F ein Tötungsversuch und im Ertränken im Stausee eine fahrlässige Tötung zu sehen sein, die mit dem Tötungsversuch in Tatmehrheit nach § 53 stünde. Folgt man jedoch der h.M., muss man zu Recht bemerken, dass die Gefahr einer fehlerhaften Annahme des Todes und der infolgedessen vorgenommenen Verdeckungshandlung bereits durch den Treppensturz mitgeschaffen wurde. Die objektive Zurechnung ist daher gegeben.
Im Rahmen des subjektiven Tatbestandes ist jedoch fraglich, ob nicht ein **Irrtum über den Kausalverlauf** vorliegt. Nach der **Lehre vom dolus generalis** liegt ein einheitliches Handlungsgeschehen vor, das auch im zweiten Akt noch vom Tötungsvorsatz getragen werde. A wäre danach wegen vollendeten Totschlags gem. § 212 strafbar. Nach der **Theorie vom Gesamtvorsatz** ist es hingegen entscheidend, ob der Täter den zweiten Akt (hier: das Versenken im See) von vornherein plante. Dies ist bei A nicht der Fall. Die **Fortwirkungstheorie** prüft hingegen, ob die durch den ersten Akt stattgefundene Verletzung bei ungestörtem Fortgang für sich genommen zum Tod geführt hätte. Der Treppensturz müsste also so gravierend gewesen sein, dass die F ohne Hilfsmittel gestorben wäre. Dies ist beim bloßen Verlust des Bewusstseins nicht ersichtlich. A handelte demnach nicht vorsätzlich. Der BGH geht schließlich von der **Lehre des Irrtums über den Kausalverlauf** aus und fragt danach, ob sich die irrtümliche Annahme einer bereits erfolgten Tötung und die sich daran anschließende Beseitigungshandlung noch im Rahmen des nach allgemeiner Lebenserfahrung Vorhersehbaren befanden und keine andere Bewertung der Tat rechtfertigte. Dies ist vorliegend der Fall.
Gegen die Lehre vom dolus generalis spricht, dass von ihm nur gesprochen werden kann, wenn auch die Zweithandlung noch vom Vorsatz umfasst ist; überdies verstößt diese Ansicht gegen §§ 8, 16 I 1. Gegen die Theorie vom Gesamtvorsatz spricht, dass auf diese Weise der spontan/planlos handelnde Täter privilegiert würde. An der Fortwirkungstheorie wird schließlich kritisiert, dass gerade ein Umstand, der nicht zum Erfolg geführt hatte, relevant ist. Daher ist dem BGH zu folgen, dessen Theorie den Vorteil hat, dass gerechtere Ergebnisse erzielt werden können u. selbst die Konstellation, dass Dritte den Zweitakt ausführen, umfasst ist.

Lektion 3: Subjektiver Tatbestand: aberratio ictus

Wann spricht man von einem Fehlgehen der Tat (aberratio ictus)?

Wie wird die aberratio ictus behandelt?

Bsp.: Der amerikanische Präsident K sitzt mit seiner Frau F auf der Rückbank eines fahrenden Cabrios und winkt den Massen zu. Am Fenster eines leer stehenden Fabrikgebäudes steht der pensionierte Scharfschütze O und zielt mit einem Präzisionsgewehr auf K. Im Moment der richtigen Entfernung zu seinem potentiellen Opfer drückt O ab, tötet jedoch aufgrund eines nicht erkennbaren mechanischen Fehlers des Gewehrs nicht den K, sondern die F. Strafbarkeit des O?

Literatur: *Lackner/Kühl*, 28. Auflage, § 15 Rn. 12ff; *Heinrich*, StrafR AT, 4. Aufl., § 30 II 2 Rn. 1105ff; *Kühl*, Strafrecht AT, 7. Aufl., § 13 Rn. 29ff.

Subjektiver Tatbestand: aberratio ictus

Von einem **Fehlgehen der Tat (aberratio ictus)** spricht man, wenn der Täter ein Tatobjekt zum Zeitpunkt der Tathandlung individualisiert und anvisiert, versehentlich aber ein anderes Objekt trifft, das er weder anvisieren noch verletzen wollte (siehe Beispiel).

Die Behandlung der aberratio ictus ist umstritten.

Nach der **Gleichwertigkeitstheorie** ist die aberratio ictus, wie beim error in persona, bei tatbestandlicher Gleichwertigkeit der Objekte **unbeachtlich**. Immerhin wollte der Täter einen Menschen treffen und hat auch einen Menschen getroffen. Der Täter soll in einem solchen Fall wegen **Vollendung** bestraft werden. Nach dieser Theorie wäre O im Fallbeispiel wegen vollendeten (heimtückischen) Mordes gem. § 211 strafbar.
Die **Vorhersehbarkeitstheorie** bestraft den Täter nur dann wegen eines vollendeten Delikts, wenn das Fehlgehen der Tat für den Täter **vorhersehbar** war. Versuchsstrafbarkeit kommt hingegen in Betracht, wenn ein ungleichwertiges Tatobjekt vorliegt oder das Fehlgehen der Tat nicht vorhersehbar war. Begründet wird dieser Lösungsweg damit, dass die aberratio ictus einen Unterfall des Irrtums über den Kausalverlauf darstellt. Abweichungen, die noch im Rahmen der allgemeinen Lebenserfahrung liegen, sind daher unbeachtlich. Im Beispielsfall kann O als pensionierter Scharfschütze als sicherer Schütze angesehen werden. Für ihn war die versehentliche Tötung der F nicht vorhersehbar. Somit ist er nach dieser Meinung nur strafbar wegen versuchten Mordes.

Die von der h.M. vertretene **Versuchslösung** bestraft den Täter im Falle einer aberratio ictus wegen **Versuchs am anvisierten Objekt** und wegen **Fahrlässigkeit am tatsächlich getroffenen Objekt**. Danach wäre O sowohl wegen versuchten Mordes an K als auch wegen fahrlässiger Tötung an F strafbar.
Gegen die Gleichwertigkeitstheorie ist anzuführen, dass die aberratio ictus gerade kein Motivirrtum und daher nicht mit dem error in persona vergleichbar ist. An der Vorhersehbarkeitstheorie wird kritisiert, dass der Begriff der Vorhersehbarkeit eher in den Bereich der Fahrlässigkeitsdelikte gehört und dem Vorsatzkontext fremd ist. Die Ansicht der h.M. ist daher vorzugswürdig.

Lektion 4: Rechtswidrigkeit: Allgemeines / Rechtfertigungsgründe

Worum wird die Tatbestandsprüfung im Rahmen der Rechtswidrigkeit erweitert?

Wie erfolgt die Prüfung grundsätzlich und wie ist ausnahmsweise vorzugehen?

Literatur: *Lackner/Kühl*, 28. Auflage, Vor § 13 Rn. 16ff; *Heinrich*, StrafR AT, 4. Aufl., § 13; *Kühl*, Strafrecht AT, 7. Aufl., § 6ff; *Wessels/Beulke/Satzger*, StrafR AT, 45. Aufl., Rn. 384ff.

Rechtswidrigkeit: Allgemeines / Rechtfertigungsgründe

Das Unrecht einer Tat ergibt sich erst aus einer Zusammenschau der Tatbestandsmäßigkeit und Rechtswidrigkeit einer Handlung. Bejaht man die Tatbestandsmäßigkeit eines Handelns, muss man in einer Gesamtbetrachtung im Rahmen der Rechtswidrigkeit überprüfen, ob die festgestellte Rechtsgutsverletzung tatsächlich im Widerspruch zur Rechtsordnung steht und als Unrecht bezeichnet werden kann. Da es auf den ersten Blick jedoch recht wahrscheinlich ist, dass jemand, der einen gesetzlichen Tatbestand erfüllt hat, auch rechtswidrig gehandelt hat, kommt der Verwirklichung eines gesetzlichen Tatbestandes eine Indizwirkung zu und es ergibt sich der „Regelfall“: **Die Tatbestandsmäßigkeit indiziert die Rechtswidrigkeit.**

Der Regelfall erfährt natürlich auch Ausnahmen. Schließlich handelt es sich hier nur um eine Indizwirkung. **Ausnahmsweise** trifft die Verbotsnorm mit einem Erlaubnissatz, einem **Rechtfertigungsgrund** zusammen.

Die Rechtswidrigkeit einer Tat ist für jeden Tatbestand gesondert zu bestimmen.

Eine genauere Prüfung auf der Rechtswidrigkeitsebene erfolgt aber nur, wenn Anhaltspunkte für das Vorliegen eines Rechtfertigungsgrundes gegeben sind.

Sonderfall: sog. Offene Tatbestände (z.B. §§ 240, 253 StGB) – die Rechtswidrigkeit wird nicht durch die Tatbestandsmäßigkeit indiziert, sondern bedarf in jedem Fall einer gesonderten Feststellung.

Wichtigste Rechtfertigungsgründe:

1. Rechtfertigende Einwilligung und mutmaßliche Einwilligung
2. Notwehr (§ 32 StGB, § 227 BGB)
3. Selbsthilfe (§§ 229, 562b I, 859, 1029 BGB)
4. Zivilrechtlicher Notstand (§§ 228, 904 BGB)
5. Allgemeiner rechtfertigender Notstand (§ 34 StGB, § 16 OWiG)
6. Rechtfertigende Pflichtenkollision
7. Wahrnehmung berechtigter Interessen bei Ehrverletzungen (§ 193)
8. Erziehungsrecht der Eltern und bestimmter Erzieher
9. Festnahmerecht (§ 127 StPO, § 87 StVollzG)
10. Amtsbefugnisse, Dienstrechte und besondere Rechtspflichten von Amtsträgern (z.B. §§ 81 ff StPO, §§ 758, 808, 909 ZPO)
11. Politisches Widerstandsrecht (Art. 20 IV GG)
12. Erlaubtes Risiko, **str.**

Lektion 4: Rechtswidrigkeit: Rechtfertigungsgründe

Gibt es eine Prüfungsreihenfolge, wenn mehrere Rechtfertigungsgründe gleichzeitig in Frage kommen?

Literatur: *Lackner/Kühl*, 28. Auflage, Vor § 13 Rn. 16ff; *Heinrich*, StrafR AT, 4. Aufl., § 13 IV.

Rechtswidrigkeit: Allgemeines / Rechtfertigungsgründe

Rechtfertigungsgründe untereinander
Vorrangig sind stets diejenigen Rechtfertigungsgründe zu prüfen, die **typischerweise für Rechtsgutseingriffe der fraglichen Art geschaffen** sind. Handelt also ein Amtsträger, muss zunächst nach den einschlägigen Eingriffsregeln im Öffentlichen Recht gesucht werden. § 81a StPO ist für den durch eine Blutentnahme verwirklichten § 340 StGB zu prüfen; § 127 I 1 StPO für die durch die Festnahme begangenen §§ 239, 240 StGB. Liegen ausschließlich Besitzstörungen vor, ist § 859 BGB vor § 32 StGB zu prüfen. Verletzt der Notstandsberechtigte fremdes Eigentum, sind die §§ 228, 904 BGB gegenüber § 34 StGB vorrangig. Im Rahmen der Sicherung zivilrechtlicher Forderungen ist primär die Selbsthilfe nach BGB einschlägig.

Rechtfertigungsgründe im StGB allgemein
Im StGB allgemein gilt: BT vor AT! So sind bspw. die §§ 193 oder 218a vor § 34 zu prüfen.

Innerhalb ähnlicher Rechtfertigungsgründe im StGB
Kommen Rechtfertigungsgründe in Betracht, die sich ähnlich sind, sind diejenigen mit den **weitesten Eingriffsbefugnissen** vorrangig. Das bedeutet: Notwehr vor Notstand; § 228 BGB vor § 904 BGB.

Bei Eingreifen eines o.g. speziellen Rechtfertigungsgrundes
Kommt einer der oben genannten speziellen Rechtfertigungsgründe in Betracht, sind die Erlaubnissätze mit **gleicher Schutzrichtung nicht** mehr zu prüfen! Kann also der § 32 im Rahmen von § 223 bejaht werden, ist es nicht notwendig, § 34 bzgl. derselben Verteidigungshandlung zu prüfen.

Bei Verneinung eines o.g. speziellen Rechtfertigungsgrundes
Kommt einer der oben genannten speziellen Rechtfertigungsgründe nicht in Betracht, ist zu fragen, ob diese speziellen Rechtfertigungsgründe **abschließende Regelungen** darstellen. Greift z.B. § 127 I 1 StPO wegen mangelnder Frische der Tat nicht ein, ist § 34 nicht mehr zu prüfen, da § 127 I 1 StPO in diesem Fall eine abschließende Regelung darstellt.

Lektion 4: Rechtswidrigkeit: Notwehr, § 32

Wozu dient das Notwehrrecht?

Wie erfolgt die Prüfung der Notwehr?

Literatur: *Lackner/Kühl,* 28. Auflage, Vor § 32 Rn. 1ff; § 32 Rn. 1ff; *Heinrich*, StrafR AT, 4. Aufl., § 14.

Rechtswidrigkeit: Notwehr, § 32

Das Notwehrrecht dient dem Rechtsgüterschutz des Angegriffenen und dem Schutz der Rechtsordnung (dualistischer Ansatz, h.M.)

I. Objektive Rechtfertigungselemente

1. Notwehrlage

a) Angriff

Def.: von einem Menschen ausgehende, willensgetragene Bedrohung rechtl. geschützter Interessen

b) Gegenwärtig

Def.: ist der Angriff, der kurz bevorsteht, gerade stattfindet oder noch fortdauert

c) Rechtswidrig

Def.: ist der Angriff, der seinerseits nicht gerechtfertigt ist - nur Erfolgsunwert entscheidend (h.M.); (a.A.: auch Handlungsunwert erforderlich)

2. Notwehrhandlung

a) Gegen den Angreifer gerichtet

b) Erforderlichkeit

Def.: Erforderlich ist die Verteidigungs*handlung*, die bei ex-ante Betrachtung objektiv geeignet ist, den Angriff umgehend zu beenden oder zu erschweren. (Grds. keine Güterabwägung erforderlich; „das Recht braucht dem Unrecht nicht zu weichen".) Dabei ist unter mehreren gleichsam effektiven Mitteln das mildeste zu wählen.

c) Gebotenheit der Verteidigungshandlung (Sozialethische Einschränkungen)

Problematische Fallgruppen: Vorliegen eines krassen Missverhältnisses; Bagatellangriffe; Notwehrprovokation; Angriffe von Kindern, schuldlos Handelnden und ersichtlich Irrenden; enge familiäre Bindung (Garantenstellung).

II. Subjektives Rechtfertigungselement (Verteidigungswille)

Der Täter muss die Notwehrlage kennen und mit der Motivation handeln, den Angriff abzuwehren (h.M.). Wut oder Rachegefühle stehen dem nicht entgegen, solange sie Begleitmotiv bleiben (e.A.).

Lektion 4: Rechtswidrigkeit: Notwehrprovokation

Skizzieren Sie die Fälle der Notwehrprovokation mit ihren jeweiligen Lösungsansätzen!

Literatur: *Lackner/Kühl*, 28. Auflage, § 32 Rn. 14; *Heinrich*, StrafR AT, 4. Aufl., § 14 II 2 c) Rn. 371ff; *Kühl*, Strafrecht AT, 7. Aufl., § 7 Rn. 207ff.

Rechtswidrigkeit: Notwehrprovokation

Vorsätzliche Herbeiführung der Notwehrlage **(Absichtsprovokation)**	**Rechtsbewährungstheorie:** Notwehrrecht (+) **Rechtsmissbrauchstheorie (h.M):** Notwehrrecht (-) **Selbstschutztheorie:** Notwehrrecht (+), wenn Ausweichen nicht möglich. *Ausnahme:* Wiederaufleben des Notwehrrechts bei Überreaktion **actio illicita in causa:** Notwehrrecht (+), Strafbarkeit aber wg. der vorhergehenden absichtl. Verursachung der Tat **Einwilligungstheorie:** der Angriff ist schon nicht rechtswidrig, da der Provokateur konkludent auf den Schutz der angegriffenen Rechtsgüter verzichte
Unbeabsichtigte, aber vorwerfbar herbeigeführte Notwehrlage	**3-Stufen-Modell:** 1. Ausweichen 2. Schutzwehr 3. Trutzwehr (4. Verhältnismäßigkeit der Trutzwehr) *Ausnahme:* Komplettes Notwehrrecht, wenn sich das Vorverhalten nicht **gegen Rechtsgüter** des Angreifers richtet und nicht in **unm. zeitlichen u. räuml. Zusammenhang** mit den Angriffshandlungen steht.
Abwehrprovokation Täter "rüstet" sich für einen von ihm erwarteten Angriff mit einem (gefährlichen) Abwehrmittel aus u. setzt es in der Notwehrlage ein.	e.A. uneingeschränktes Notwehrrecht a.A. Begrenzung/Versagung des Notwehrrechts, wenn sich der Verteidiger bewusst ausgerüstet hat, um das gefährliche Mittel zum Einsatz zu bringen.

Lektion 4: Rechtswidrigkeit: Subj. Rechtfertigungselement / „Rechtswidrigkeit“

In welcher Form kann die „Rechtswidrigkeit“ im Strafgesetz auftauchen?

Wie lautet die Rechtsfolge, wenn dem Täter das subjektive Rechtfertigungselement fehlt?

Bsp.: A hat erfahren, dass seine Frau F einen Liebhaber hat und stellt sie zur Rede. Als diese sich reuig zeigt und – Besserung gelobend – ihn umarmt, sticht er ihr wie vorher geplant ein Messer in den Rücken, woraufhin F verstirbt. Tatsächlich wollte auch die ihrerseits bewaffnete F die Umarmung zum Anlass nehmen, den A zu beseitigen, um sich endlich unbehelligt ihrem Liebhaber widmen zu können.

Wie sind die anfallenden Rechtsfragen in die Fallbearbeitung einzubauen?

Literatur: *Lackner/Kühl*, 28. Auflage, Vor § 32 Rn. 6, § 32 Rn. 7; *Jäger*, StrafR AT, 7. Aufl., Rn. 129; *Wessels/Beulke/Satzger*, StrafR AT, 45. Aufl., Rn. 401ff; *Heinrich*, StrafR AT, 4. Aufl., § 13 IV 3.

Rechtswidrigkeit: Subj. Rechtfertigungselement / „Rechtswidrigkeit“

§ 132a stellt den unbefugten Gebrauch von Titeln, Berufsbezeichnungen und Abzeichen unter Strafe, § 123 u.a. das widerrechtliche Eindringen. An diesen beiden Beispielen soll deutlich werden, dass die Rechtswidrigkeit dem Klausurbearbeiter im Rahmen eines gesetzlichen Tatbestands in unterschiedlicher Form begegnen kann. Das Merkmal „unbefugt“ stellt ein echtes Tatbestandsmerkmal dar. Ohne den Begriff ist kein sozialwidriges Verhalten mehr erkennbar, sodass er nur dem gesetzlichen Tatbestand zugeordnet werden kann. Beschreibt jedoch der Gesetzestext ohne den Begriff immer noch ein als strafwürdig erkennbares Verhalten, liegt ein bloßer Hinweis auf etwaige Rechtfertigungsgründe vor, wie es bei § 123 der Fall ist. Machen Sie sich den Unterschied klar: liegt ein unbefugter Gebrauch bei § 132a nicht vor, ist schon der Tatbestand nicht gegeben. War das Eindringen nicht „widerrechtlich“ iSd. § 123, kann der Tatbestand dennoch erfüllt sein. Um zu wissen, ob es sich um ein echtes Tatbestandsmerkmal oder lediglich um einen klarstellenden Hinweis auf die Rechtswidrigkeitsebene handeln, streichen Sie den Begriff gedanklich aus dem Gesetz! Die „übrig gebliebene“ Formulierung ist Gegenstand der weiteren Interpretation.
Handelt der Täter in Unkenntnis seiner Rechtfertigungslage, so scheidet die Rechtfertigung seiner Tat nach ganz h.M. aus. Str. ist jedoch, ob wegen **Versuchs oder Vollendung** bestraft werden soll. Nach dem BGH und einem Teil d. Lit. muss in einem Fall wie dem o.g. wegen **Vollendung** bestraft werden. Das Recht könne sich nur dort bewähren, wo es dem Verteidiger auch zuerkannt wird. Der BGH hat diese Lösung in einem jüngeren Fall sogar noch bestärkt (BGH, NStZ-RR 2012, 84). A wäre demnach wegen vollendeten Mordes gem. § 211 strafbar. Ein anderer Teil d. Lit. möchte – zu Recht – in einem solchen Fall wegen **Versuchs** bestrafen. Während der (durch die obj. gegebene Rechtfertigungslage kompensierte) **Erfolgsunwert** bei dem Täter fehlt, ist der **Handlungsunwert** dennoch gegeben – eine dem Versuch vergleichbare Konstellation. Eine Versuchsstrafbarkeit erscheint daher sachgerechter. A ist wegen versuchten Mordes gem. §§ 211, 22, 23 I strafbar.
Im Rahmen der Fallbearbeitung muss unter dem Punkt „Rechtswidrigkeit“ – nach oben geführter Diskussion – dargelegt werden, dass die Regeln über den Versuch Anwendung finden. Bei der anschließenden Versuchsprüfung ist das fehlende Erfolgsunrecht unter dem Punkt „Vorprüfung“ und „Nichtvollendung“ zu erwähnen. Tatbestandsmäßigkeit und Rechtswidrigkeit müssen dann nur kurz angesprochen werden, da beide Punkte im davor geprüften vollendeten Delikt behandelt wurden.

Lektion 4: Rechtswidrigkeit: Erlaubnistatbestandsirrtum

Welche Rechtswirkung hat der umgekehrte Fall, nämlich dass zwar das subjektive Rechtfertigungselement vorliegt, die Rechtfertigungsvoraussetzungen aber objektiv nicht gegeben sind?

Bsp.: Der leicht schreckhafte T läuft auf dem Gehweg entlang, als ihm der O entgegenkommt und seinen Arm hebt. T denkt, O hole zu einem Schlag aus und verpasst ihm einen gezielten Faustschlag, durch den das Nasenbein des O zu Bruch geht. In Wirklichkeit wolle O nur den ein paar Meter hinter dem T laufenden A grüßen, was T hätte erkennen können. Strafbarkeit des T?

Literatur: *Lackner/Kühl*, 28. Auflage, § 17 Rn. 9ff; *Heinrich*, StrafR AT, 4. Aufl., § 31 II; *Kühl*, Strafrecht AT, 7. Aufl., § 13 Rn. 63ff.

Rechtswidrigkeit: Erlaubnistatbestandsirrtum

T hat den Tatbestand der Körperverletzung erfüllt. Fraglich ist, ob er durch Notwehr gem. § 32 II, 1. Alt. gerechtfertigt ist. Im Tatzeitpunkt lag kein gegenwärtiger rechtswidriger Angriff vor, da O lediglich den A grüßen wollte. T stellte sich jedoch einen Sachverhalt vor, der – wenn er vorgelegen hätte – ihn gerechtfertigt hätte. Die Behandlung eines solchen Irrtums ist umstritten. Die Diskussion dreht sich dabei – das sollte herausgearbeitet werden – um die Frage, ob sich der Irrtum auf die Sachverhaltsebene (T irrte über einen Umstand, der bei seinem Vorliegen zur Rechtfertigung geführt hätte) oder auf die Normebene (T irrte über das Vorliegen eines Rechtfertigungsgrundes) bezieht. Die Theorien unterteilen sich in drei Ansätze: Den Ansatz der Lehre von den negativen Tatbestandsmerkmalen, die Vorsatztheorie und die Schuldtheorien. Nach der **Lehre von den negativen Tatbestandsmerkmalen** stelle die fehlende Rechtswidrigkeit ein „negatives Merkmal" eines jeden gesetzlichen Tatbestandes dar. Bei einem Erlaubnistatbestandsirrtum (ETB), wie er sich im Bsp. darstellt, muss daher **§ 16 direkt** angewandt werden. Es wäre jedoch sehr inkonsequent, die Lehre von den negativen Tatbestandsmerkmalen auf den Verbrechensaufbau nicht anzuwenden, sie aber im Rahmen des ETB heranzuziehen. Dieser Ansatz muss daher abgelehnt werden. Für die **Vorsatztheorie** ist das Unrechtsbewusstsein Teil des Vorsatzes. Sie wendet daher ebenso beim ETB **§ 16 direkt** an. Die Vorsatztheorie ist jedoch mit geltendem Recht nicht vereinbar, wie sich aus § 17 ergibt. Die **Schuldtheorien** tendieren eher zur Annahme eines Irrtums auf der Normebene, jedoch jede auf eine andere Art. Die **strenge Schuldtheorie** sieht den ETB als Verbotsirrtum **(§ 17)** an. Da T den Irrtum vermeiden konnte, bliebe seine Schuld bestehen. Diese Theorie übersieht jedoch, dass sich der Täter eigentlich rechtstreu verhalten wollte und er lediglich sorglos handelte. Die **eingeschränkte Schuldtheorie** nimmt diese Kritik auf und wendet **§ 16** deshalb **analog** an. In diese Richtung zielt auch die vermittelnde **rechtsfolgenverweisende eingeschränkte Schuldtheorie**. Nach diesem herrschenden Ansatz liegt ein vorsätzlicher Handlungsunwert vor, jedoch scheidet eine Bestrafung wegen mangelnder Vorsatzschuld aus. Beruht die Fehlvorstellung des Täters jedoch auf einem Sorgfaltsmangel, kommt analog § 16 I 2 eine Bestrafung wegen fahrlässiger Tatbegehung in Betracht (sofern ein Fahrlässigkeitstatbestand existiert). Vorteil dieser Ansicht ist, dass sie zum einen zu gerechteren Ergebnissen führt und zum anderen die Teilnehmerstrafbarkeit bestehen lässt, da nach wie vor eine vorsätzliche Haupttat gegeben ist, zu der bspw. angestiftet werden kann. T ist daher nicht wegen vorsätzlicher Körperverletzung strafbar. Eine Strafbarkeit wegen fahrlässiger Köperverletzung gem. § 229 kommt jedoch in Betracht.

Lektion 4: Rechtswidrigkeit: Erlaubnistatbestandsirrtum II

Welche Auswirkungen hat der dargestellte Theorienstreit des ETB auf den Deliktstatbestand?

Literatur: *Lackner/Kühl*, 28. Auflage, § 17 Rn. 9ff; *Heinrich*, StrafR AT, 4. Aufl., § 31 II; *Kühl*, Strafrecht AT, 7. Aufl., § 13 Rn. 63ff.

Rechtswidrigkeit: Erlaubnistatbestandsirrtum II

Wo der ETB angesprochen wird, hängt davon ab, welcher Theorie man folgt. Schließt man sich der **strengen Schuldtheorie** an, wird der ETB in die **Schuld** verlagert und muss unter dem Punkt „Unrechtsbewusstsein" behandelt werden. Die anderen Meinungen können ohne Probleme – trotz differierender Ansätze – auch in der Schuld angesprochen werden. Wer sich der **Lehre von den negativen Tatbestandsmerkmalen** anschließt, muss entweder von Anfang an den **zweigliedrigen Deliktsaufbau** wählen (wovon dringend abzuraten ist) oder den ETB im Rahmen der **Rechtswidrigkeit** unter „subjektive Rechtfertigungselemente" ansprechen. Das gleiche gilt für die Befürworter der **eingeschränkten Schuldtheorie**. Folgt man der – sachgerechten – **rechtsfolgenverweisenden eingeschränkten Schuldtheorie**, muss der ETB in der **Schuld** unter dem Punkt „Vorsatzschuld" angesprochen werden. Wird – von dieser Theorie ausgehend – ein ETB bejaht, muss weiterhin untersucht werden, ob der Täter nicht wegen eines Fahrlässigkeitsdelikts bestraft werden kann. Problematisch ist bei der Prüfung dieses **Fahrlässigkeitsdelikts**, dass zuvor bereits der Vorsatz bejaht wurde und es nur an der Vorsatzschuld mangelte. Eine zurechenbare Erfolgsherbeiführung sollte daher ohne nähere Ausführungen angenommen werden. Nur die objektive Erkennbarkeit und Vermeidbarkeit muss detaillierter ausgeführt werden. Die Vermeidbarkeit des Irrtums ist dann im Rahmen der Schuld anzusprechen.

Der ETB ist ein altbekanntes Problem im Strafrecht, das in Prüfungsarbeiten jedoch immer wieder abgefragt wird. Verlaufen Sie sich nicht in Detaildarstellungen im Rahmen des Theorienstreits! Wichtig ist, herauszuarbeiten, worum es wirklich geht: Der Irrtum des Täters kann der Sachverhaltsebene <u>und</u> der Normebene zugeordnet werden. Teilen Sie die Theorien unter dieser Maßgabe in Gruppen ein und geben Sie dem Korrektor so zu verstehen, dass Sie das Problem nicht nur kennen, sondern auch verstanden haben. Achtung: Vergessen Sie nie, dass der Täter von Umständen ausgehen muss, die ihn, lägen sie vor, auch tatsächlich rechtfertigen würden. Führen selbst die vorgestellten Umstände zu keiner Rechtfertigung, ist die Konstellation des ETB erst gar nicht gegeben.

Lektion 4: Rechtswidrigkeit: Rechtfertigender Notstand, § 34

Skizzieren Sie den Aufbau des rechtfertigenden Notstandes!

Literatur: *Lackner/Kühl*, 28. Auflage, § 34 Rn. 2ff; *Heinrich*, StrafR AT, 4. Aufl., § 15 II; *Kühl*, Strafrecht AT, 7. Aufl., § 8.

Rechtswidrigkeit: Rechtfertigender Notstand, § 34

I. Objektive Rechtfertigungsmerkmale

1. Notstandslage

ggw Gefahr für notstandsfähiges Rechtsgut

= Zustand, dessen Weiterentwicklung den Eintritt o. die Intensivierung eines Schadens ernstlich befürchten lässt, sofern nicht alsbald Abwehrmaßnahmen ergriffen werden

⇨ Bestimmung aus objektiver ex-ante-Sicht

⇨ auch sog. Dauergefahr erfasst

2. Notstandshandlung

a) **Beeinträchtigung eines anderen Rechtsgutes zur Gefahrenabwendung**

b) **geeignet und erforderlich** (Ausweichen gefordert, wenn möglich)

c) **Interessenabwägung -** Güterabwägungsprinzip (§ 34) statt Rechtsbewährungsprinzip (§ 32)

⇨ Geschütztes Rechtsgut muss beeinträchtigtes wesentlich überwiegen

⇨ alle schutzwürdigen Interessen berücksichtigen (Rang der Rechtsgüter, Gefahrengrad, etc)

⇨ Grds. des absoluten Lebensschutzes: Tötung anderer durch aktives Tun kann nicht gerechtfertigt werden

⇨ auch bei § 34 im Defensivnotstand weitergehende Beeinträchtigungen zulässig als im Aggressivnotstand (Rechtsgedanke des § 228 BGB!)

d) **Angemessenheit, § 34 S.2**

aa) **kein Verstoß gegen oberste Rechtsprinzipien**

⇨ Unterordnung unter die rechtlich geordneten Verfahren, *Bsp: keine Rechtf. d. zu Unrecht Angeklagten für eine Anstiftung zum Meineid*

⇨ die im Nötigungsnotstand begangene Tat ist nicht gerechtfertigt, str.

bb) **keine Rf bei bes. Duldungspflichten**

⇨ Gefahrhinnahme/ Rechtsbeeinträchtigung ist vom Gesetzgeber in Kauf genommene Folge einer anderen gesetzl. Regelung

⇨ Bsp: kein Notstand gg. Notwehr

⇨ besondere Rechtsstellung d. Täters kraft Berufs / als Garant
Bsp: Soldat, Polizist etc.

II. Subj. Rechtfertigungselement

Kenntnis der rechtfertigenden Umstände und Gefahrabwendungswille (str.)

Lektion 4: Rechtswidrigkeit: Rechtfertigender Notstand, §§ 228, 904 BGB

Stellen Sie den Aufbau von § 228 und § 904 BGB gegenüber!

Literatur: *Lackner/Kühl*, 28. Auflage, § 34 Rn. 9; *Heinrich*, StrafR AT, 4. Aufl., § 16 II; *Kühl*, Strafrecht AT, 7. Aufl., § 9 Rn. 13ff.

Rechtswidrigkeit: Rechtfertigender Notstand, §§ 228, 904 BGB

Voraussetzungen § 228 BGB	Voraussetzungen § 904 BGB
I. Objektive Rechtfertigungsmerkmale	
Beachte: § 228 BGB ist **lex specialis** zu § 34 StGB! ⇨ vorrangig prüfen!	**Beachte**: § 904 BGB ist **lex specialis** zu § 34 StGB! ⇨ vorrangig prüfen!
1. Notstandslage	
drohende Gefahr **durch** eine fremde Sache	gegenwärtige Gefahr
2. Notstandshandlung	
a) Beeinträchtigung (Beschädigung/ Zerstörung) der die Gefahr verursachenden Sache	a) Beeinträchtigung einer die Gefahr nicht verursachenden Sache
b) geeignet und erforderlich	b) geeignet und erforderlich
c) Interessenabwägung: Das gefährdete Rechtsgut darf nicht wesentlich weniger wert sein als die beeinträchtigte Sache	c) Interessenabwägung: Das geschützte Rechtsgut muss die beeinträchtigte Sache wesentlich überwiegen **Beachte**: Die **Voraussetzungen an die Abwägung** sind bei § 904 BGB **strenger** als bei § 228 BGB, da bei § 904 BGB ein unbeteiligtes Rechtsgut beeinträchtigt wird!
II. Subjektive Rechtfertigungsmerkmale	
Kenntnis und Gefahrabwendungswille (str.)	

Lektion 4: Rechtswidrigkeit: Weitere Rechtfertigungsgründe

Skizzieren Sie den Aufbau von § 127 I StPO!

Muss im Rahmen des § 127 I 1 StPO der auf frischer Tat Ertappte die Tat wirklich begangen haben?

Bsp.: Student S hantiert mit einem Bolzenschneider an einem Fahrradschloss herum. Der vorbeikommende Student T nimmt an, S wolle das Fahrrad stehlen, und hindert den unvermittelt die Flucht ergreifenden S durch einen schmerzhaften Haltegriff am Weglaufen. In Wirklichkeit handelte es sich um das Fahrrad des S, der den Schlüssel verloren hatte und beim Anblick des für seine Brutalität bekannten T die Flucht ergreifen wollte.

Nennen Sie weitere Rechtfertigungsgründe!

Literatur: *Lackner/Kühl*, 28. Auflage, Vor § 32 Rn. 23, § 34 Rn. 15; § 193 Rn. 1ff; § 223 Rn. 11f; *Heinrich*, StrafR AT, 4. Aufl., § 16 III 1, IV; *Kühl*, Strafrecht AT, 7. Aufl., § 9 Rn. 52ff.

Rechtswidrigkeit: Weitere Rechtfertigungsgründe

Ob der auf frischer Tat Ertappte die Tat wirklich begangen haben muss, ist umstritten. Nach der **prozessualen Theorie** ist bereits der **bloße Tatverdacht** ausreichend. Dafür spricht zunächst der systematische Standort des § 127 I StPO innerhalb der Strafprozessordnung. Demnach könnte sich T auf § 127 I StPO berufen. Die **materiell-rechtliche Theorie** hingegen verlangt, dass der Festgenommene die **Tat wirklich begangen** haben muss und verweist auf den Wortlaut des § 127 I StPO, der von „Tat“ spricht. Zudem kann demjenigen, der die Tat tatsächlich nicht begangen hat, das Risiko einer Festnahme nicht zugemutet werden. T kann sich demnach nicht auf § 127 I StPO berufen. Stellt sich T jedoch einen Sachverhalt vor, der, wenn er vorläge, ihn zur Festnahme berechtigen würde, wäre ein Erlaubnistatbestandsirrtum gegeben.

Die rechtfertigende Pflichtenkollision (insb. bei Unterlassungsdelikten)	Täter hat mehrere gleichwertige u. rechtlich begründete Handlungspflichten, kann aber objektiv nur eine der Handlungen auf Kosten der anderen vornehmen ⇨ Unterlassen der anderen Handlung kann nicht unrechtmäßig sein **Echte Pflichtenkollision - Unechte Pflichtenkollision** Kollision gleichwertiger / ungleichwertiger Pflichten (Bei letzterem muss Täter die höherrangige Pflicht erfüllen)
§ 193	Sonderregelung für Beleidigungsdelikte (h.M.) o. verallgemeinerungsfähig?
Züchtigungsrecht (sehr str.)	*Frühere (heute z.T. wieder vertretene) Ansicht:* Ausfluss von Art. 6 II GG und §§ 1626, 1631 I BGB - Rechtfertigungsgrund *herrschende Meinung:* Das elterliche Züchtigungsrecht existiert nicht mehr (§ 1631 II). Straffreiheit der Eltern soll auf prozessualem Weg durch Einstellung des Verfahrens aus Opportunitätsgründen (§§ 153ff. StPO) herbeigeführt werden. *Tatbestandslösung:* Lösung bei § 223 I auf Tatbestandsebene unter "körperl. Misshandlung – Angemessenheit"

Lektion 4: Rechtswidrigkeit: Einwilligung

Skizzieren Sie die Voraussetzungen der erklärten Einwilligung!

Literatur: *Lackner/Kühl*, 28. Auflage, Vor § 32 Rn. 10; *Heinrich*, StrafR AT, 4. Aufl., § 16 I 2; *Kühl*, Strafrecht AT, 7. Aufl., § 9 Rn. 20ff.

Rechtswidrigkeit: Einwilligung

I. Disponibilität des Rechtsguts

Keine rechtfertigende Einwilligung bei

- Tatbeständen, die Rechtsgüter der Allgemeinheit schützen
- eigener Tötung durch aktive u. gezielte Lebensverkürzung

II. Einwilligungserklärung vor der Tat und Bestehen während der Tat

III. Kundgabe nach außen

IV. Einwilligungsfähigkeit

- natürliche Einsichts- u. Urteilsfähigkeit –
  zivilrechtl. Geschäftsfähigkeit irrelevant (aA: 107ff BGB analog bei Eingriffen in Vermögensrechte)

V. ernstlich u. frei von rechtsgutbezogenen Willensmängeln

- keine Drohung o. Täuschung
  - ⇨ Rechtsgutbezogenheit!
    Fehlvorstellungen über Begleitumstände unbeachtlich
  - ⇨ *Ausnahme:* Hypothetische Einwilligung

VI. Kein Ausschluss wg. Sittenwidrigkeit, § 228

Ist der Eingriff in die körperl. Integrität so schwer u. so lebensgefährlich, dass dadurch das Anstandsgefühl aller billig und gerecht Denkenden verletzt wird u. deshalb ein Eingriff in das Selbstbestimmungsrecht d. Opfers durch den Einwilligungsausschluss legitimiert ist?

VII. Subjektives Rechtfertigungselement

Handeln in Kenntnis und aufgrund der Einwilligung

Skizzieren Sie die Voraussetzungen der mutmaßlichen Einwilligung!

Grenzen Sie die Einwilligung zum Einverständnis ab!

Literatur: *Lackner/Kühl*, 28. Auflage, Vor § 32 Rn. 11; *Heinrich*, StrafR AT, 4. Aufl., § 16 I 1, 3; *Kühl*, Strafrecht AT, 7. Aufl., § 9 Rn. 45f.

Rechtswidrigkeit: Einwilligung II / Einverständnis

I. Subsidiarität der mutmaßlichen Einwilligung gegenüber der erklärten Einwilligung

- erkennbar entgegenstehender Wille des Rechtsgutsträgers schließt Rechtfertigung wegen mutmaßlicher Einwilligung aus
- grds. vorherige Befragung des Rechtsgutsträgers
  - ⇨ Handeln im Interesse d. Verletzten, wenn die Entscheidung des Betroffenen nicht rechtzeitig eingeholt werden kann
  - ⇨ bei offensichtlich mangelndem Interesse ist eine vorherige Befragung des Rechtsgutsträgers idR entbehrlich

II. weitere Vorauss.: dieselben Maßstäbe wie bei erklärter Einwilligung (außer Einwilligungserklärung)

siehe KK 23

III. Übereinstimmung mit hypothetischem Willen des Rechtsgutsträgers

- ex ante-Beurteilung allein in Bezug auf die Person des Betroffenen
- objektive Kriterien haben nur Indizwirkung

IV. Subjektives Rechtfertigungselement

Handeln in Kenntnis und aufgrund der Einwilligung

Merke: Falls Mutmaßung sich als falsch herausstellt: erlaubtes Risiko

Während die **Einwilligung die Rechtswidrigkeit entfallen** lässt, lässt das **Einverständnis** bereits den **Tatbestand** entfallen. Letzteres ist bei Delikten möglich, deren Tatbestandserfüllung nicht ohne Rücksicht auf den Willen des Rechtsgutsträgers feststellbar ist. Ein Einverständnis kommt bei den Tatbestandselementen „wider Willen“ oder „gegen den Willen“ des Betroffenen (z.B. § 248b) in Betracht sowie bei Tatbestandsmerkmalen, die nach ihrer Definition nur gegeben sein können, wenn gegen oder ohne den Willen gehandelt wurde (§ 239: „der Freiheit berauben“; § 242: „wegnehmen“; § 266: Pflichtverletzung). Zu einem Einverständnis genügt der **natürliche Wille** des Rechtsgutsträgers im Tatzeitpunkt. **Irrtümer** sind (im Ggs. zur Einw.) **unbeachtlich** (aber kein Zwang) und die **Kenntnis des Täters** vom Einverständnis ist **nicht erforderlich**.

Lektion 5: Schuld: Unrecht und Schuld / Schuldfähigkeit

Was ist der Unterschied zwischen Unrecht und Schuld?

Was ist Gegenstand des Schuldvorwurfs?

Welche Prüfungspunkte sind im Rahmen der Schuld zu beachten?

Sind Kinder und Jugendliche schuldfähig?

Wann sind Personen vermindert schuldfähig?

Literatur: *Lackner/Kühl*, 28. Auflage, Vor § 13 Rn. 22ff; *Heinrich*, StrafR AT, 4. Aufl., § 17 I; *Kühl*, Strafrecht AT, 7. Aufl., § 10f.

Schuld: Unrecht und Schuld

Das Strafbesetzbuch unterscheidet streng zwischen Unrecht und Schuld. **Unrecht** liegt vor, wenn die mit Strafe bedrohte Handlung mit den Sollensnormen der Rechtsordnung nicht übereinstimmt, mithin rechtswidrig ist. **Schuld** ist hingegen die persönliche Vorwerfbarkeit der Tat.

Gegenstand des Schuldvorwurfs ist die in der rechtswidrigen Tat zum Ausdruck kommende **fehlerhafte Einstellung des Täters** zu den Verhaltensanforderungen der Rechtsordnung. Maßgebend für das Schuldurteil ist die **Unrechtshandlung**. Die Schuld knüpft zudem an die **konkrete Einzeltat** an (Einzeltatschuld) und nicht an den Charakter (Charakterschuld) oder die Lebensführung (Lebensführungsschuld) des Täters. Nach der normativen Schuldlehre ist sie an rechtlichen Maßstäben zu messen. Wesentlich ist die Vorwerfbarkeit der **Willensbildung und Willensbetätigung**.

Prüfungspunkte im Rahmen der Schuld:
1. Schuldfähigkeit (§§ 19, 20 StGB; actio libera in causa); 2. spezielle Schuldmerkmale; 3. Vorsatzschuld;
4. Entschuldigungsgründe; 5. Unrechtsbewusstsein

Gem. **§ 19 StGB** ist schuldunfähig, wer bei Begehung der Tat noch nicht 14 Jahre alt ist. Kinder sind demnach nicht schuldfähig. Was Jugendliche (Personen zwischen 14 und 17 Jahren, vgl. § 1 II JGG) anbelangt, so sind sie schuldfähig, sofern festgestellt wird, dass sie zur Zeit der Tat reif genug waren, das Unrecht einzusehen und nach dieser Einsicht zu handeln, vgl. § 3 S. 1 JGG. Hieran erkennt man die Parallele zum Deliktsrecht und zur Norm des § 828 BGB.

Vermindert schuldfähig sind Personen, deren Einsichts- oder Steuerungsfähigkeit bei Begehung der Tat aus den in § 20 StGB genannten Gründen erheblich vermindert ist, § 21 StGB. Die verminderte Schuldfähigkeit bildet dabei einen **fakultativen Strafmilderungsgrund**. Von dieser fakultativen Strafmilderung kann abgesehen werden, wenn die durch die Herabsetzung der Einsichts- oder Steuerungsfähigkeit geminderte Tatschuld durch schulderhöhende Umstände aufgewogen wird. Hat der Täter seine alkoholbedingte Trunkenheit bspw. schuldhaft herbeigeführt, wird die Strafe nicht gemildert.

Lektion 2: Objektiver Tatbestand: Kausalität

Wie wird im Rahmen von Erfolgsdelikten die Kausalbeziehung zwischen der Tathandlung und dem eingetretenen Erfolg bestimmt?

Welche Theorien zur Feststellung dieser Kausalbeziehung sind Ihnen bekannt?

Literatur: *Lackner/Kühl*, 28. Auflage, Vor § 13 Rn. 9; *Wessels/Beulke/Satzger*, StrafR AT, 45. Aufl., Rn. 217ff; *Kühl*, Strafrecht AT, 7. Aufl., § 4 Rn. 6ff; *Heinrich*, StrafR AT, 4. Aufl., § 10.

Objektiver Tatbestand: Kausalität

Die Ursächlichkeit zwischen Tathandlung und eingetretenem Erfolg wird in einem ersten Schritt mittels der **Äquivalenztheorie** bzw. ***conditio-sine-qua-non*-Formel** bestimmt. Danach ist eine Handlung des Täters dann kausal für den Erfolg, wenn sie nicht hinweggedacht werden kann, ohne dass der Erfolg in seiner konkreten Gestalt mit an Sicherheit grenzender Wahrscheinlichkeit entfiele. Dabei wird jede Handlung als gleichwertig („äquivalent") angesehen.

Die ***conditio-sine-qua-non*-Formel** hat den Nachteil, dass sie bei alleiniger Anwendung zu uferlosen Ergebnissen führt, da nach ihr selbst die Eltern eines Mörders durch dessen Zeugung ursächlich für seinen Mord geworden sind. Als weitere Theorien zur Feststellung der Ursächlichkeit zwischen Tathandlung und eingetretenem Erfolg lassen sich daher die Lehre von der gesetzmäßigen Bedingung, die Adäquanz- und Relevanztheorie nennen.

Die **Lehre von der gesetzmäßigen Bedingung** stellt die Frage, ob sich an die betreffende Handlung zeitlich nachfolgende Veränderungen in der Außenwelt angeschlossen haben, die mit der Handlung nach den uns bekannten Naturgesetzen notwendig verbunden waren und sich als tatbestandsmäßiger Erfolg darstellen.
Nach der aus dem Zivilrecht entlehnten **Adäquanztheorie** ist ein Tun oder Unterlassen dann adäquate Bedingung des konkreten Erfolges, wenn es die objektive Möglichkeit seines Eintritts generell (nach allgemeiner Lebenserfahrung) in nicht nur unerheblicher Weise erhöht hat.

Die **Relevanztheorie** trennt – im Gegensatz zur Adäquanztheorie – streng zwischen der Frage des ursächlichen Zusammenhangs und der objektiven Zurechenbarkeit des Erfolges. Während sie bzgl. des ursächlichen Zusammenhangs von der Äquivalenztheorie ausgeht, stellt sie bzgl. der objektiven Zurechnung auf die strafrechtliche Relevanz des Kausalgeschehens ab. Da sie im Zuge dessen neben den tatbestandsmäßigen Bedingungen auch den Schutzzweck der Norm sowie die Besonderheiten des einzelnen Straftatbestandes einbezieht, wird sie auch als Basis für die *Lehre von der objektiven Zurechnung* angesehen.

Lektion 2: Objektiver Tatbestand: Kausalität II

Welche Konstellationen von Kausalzusammenhängen kennen Sie?

Illustrieren Sie die jeweiligen Problemstellungen im Zusammenhang mit der Äquivalenztheorie durch Fallbeispiele!

Literatur: *Lackner/Kühl*, 28. Auflage, Vor § 13 Rn. 9ff; *Kühl*, Strafrecht AT, 7. Aufl., § 4 Rn. 6ff; *Heinrich*, StrafR AT, 4. Aufl., § 10 III.

Objektiver Tatbestand: Kausalität II

1. **Alternative Kausalität**: Mehrere unabhängig voneinander gesetzte Bedingungen wirken **zusammen**. Jede ist dabei bereits für sich allein f. d. Erfolgsherbeiführung ausreichend. Alle werden im Erfolg wirksam. *Bsp*: T^1 und T^2 geben unabhängig voneinander dem O je eine zur selben Zeit wirkende Dosis Gift. Folgte man hier streng der Äquivalenztheorie, müsste man die Kausalität verneinen, da jede Dosis für sich hinweggedacht werden kann, ohne dass der Erfolg in seiner konkreten Gestalt entfiele. Die Äquivalenztheorie wird für diese Konstellationen daher **modifiziert**: Bei mehreren Bedingungen, die zwar alternativ, aber nicht kumulativ hinweggedacht werden können, ohne dass der Erfolg in seiner konkreten Gestalt entfiele, ist *jede dieser Bedingungen* für den Erfolg ursächlich. Die Handlungen von T^1 und T^2 sind daher äquivalent kausal für den eingetretenen Erfolg.

2. **Kumulative Kausalität**: Mehrere unabhängig voneinander gesetzte Bedingungen bewirken **erst durch ihr Zusammentreffen** den Erfolg. *Bsp*: T^1 und T^2 geben unabhängig voneinander dem O Gift, das nur im Zusammenwirken tödlich ist. Hier kann keine Bedingung hinweggedacht werden, ohne dass der Erfolg in seiner konkreten Gestalt entfiele. Die Kausalität von T^1 und T^2 muss also auch hier bejaht werden. Eine Korrektur dieses Ergebnisses kann jedoch über die *objektive Zurechnung* oder die Frage des Vorsatzes erfolgen.

3. **Hypothetische Kausalität**: Eine Bedingung führt zum Erfolg, eine andere hätte aber wenig später mit Sicherheit zum selben Erfolg geführt. *Bsp.*: T gibt dem todkranken O Gift. Dieser wäre auch ohne das Gift etwas später an Herzversagen gestorben. An der Kausalität des Ausgangsverhaltens für den konkret eingetretenen Erfolg ändert sich nichts. Eine Reserveursache, die zu einem späteren Zeitpunkt den Erfolg auf andere Weise herbeigeführt hätte, muss unberücksichtigt bleiben. Ts Verhalten ist somit kausal.

4. **Überholende Kausalität**: Die Erstursache hätte zwar zum Erfolg geführt, eine von einem Dritten gesetzte Ursache bewirkt den gleichen Erfolgseintritt aber früher. *Bsp.*: T mischt eine tödlich wirkende Menge Gift in das Essen des O. O wird von D durch ein schneller wirkendes Gift getötet. Die Ersthandlung hat sich nicht im konkreten Erfolg niedergeschlagen, sodass die Kausalität entfällt, eine Versuchsstrafbarkeit jedoch in Betracht kommt. Bei D ist die Kausalitätsfrage hingegen unproblematisch zu bejahen, da er eine neue Ursachenreihe in Gang setzt.

Lektion 2: Objektiver Tatbestand: Objektive Zurechnung

Wie versuchen die Rspr. und Teile der Literatur, die Äquivalenztheorie einzuschränken?

Wann ist der Erfolg einem Täter objektiv zurechenbar?

Nennen Sie Fallgruppen, in denen keine rechtlich missbilligte Gefahr geschaffen bzw. erhöht wird!

Nennen Sie Fallgruppen, in denen sich die Gefahr nicht im konkreten Erfolg verwirklicht!

Porschefahrer P fährt mit 80 km/h durch eine Ortschaft, vorgeschrieben sind 50 km/h. Er erfasst dabei den Schlangenlinien fahrenden, angetrunkenen Fahrradfahrer F, der nur wenig später seinen Verletzungen erliegt. Dies wäre mit an Sicherheit grenzender Wahrscheinlichkeit auch passiert, wenn P in vorschriftsmäßigem Tempo gefahren wäre. Hat sich P nach § 222 StGB strafbar gemacht?

Literatur: *Lackner/Kühl*, 28. Auflage, Vor § 13 Rn. 9ff, 14ff; *Wessels/Beulke/Satzger*, StrafR AT, 45. Aufl., Rn. 246ff; *Kühl*, Strafrecht AT, 7. Aufl., § 4 Rn. 36ff; *Heinrich*, StrafR AT, 4. Aufl., § 11; *Jäger*, StrafR AT, 7. Aufl., Rn. 31ff.

Objektiver Tatbestand: Objektive Zurechnung

Die Einschränkung durch die bereits genannten Theorien der *Adäquanz* und *Relevanz* konnte sich nicht durchsetzen. Teile der Literatur vertreten daher die Lehre von der **objektiven Zurechnung** (von der Rspr. als „Kausalitätseinschränkungen" bezeichnet). **Objektiv zurechenbar ist ein Erfolg danach dann, wenn der Täter eine rechtlich relevante Gefahr geschaffen hat, die sich im tatbestandsmäßigen Erfolg realisiert hat.**

Schaffung bzw. Erhöhung einer Gefahr / eines unerlaubten Risikos:

a) Erlaubtes Risiko, allgemeines Lebensrisiko
b) Neues oder größeres Risiko – Risikoverringerung – Schaffung neuer Gefahr (Retterfälle)

Verwirklichung dieser Gefahr / dieses Risikos im Erfolg:

a) Atypische Kausalverläufe
b) Schutzzweck der Norm (insb. Spätfolgenfälle, Schockschäden)
c) Freiverantwortliche Selbstschädigung des Opfers (insb. Heroinfälle)
d) Intervention eines Dritten

P könnte sich wegen fahrlässiger Tötung gem. § 222 StGB strafbar gemacht haben. Das Überschreiten der zulässigen Höchstgeschwindigkeit stellt eine objektive Sorgfaltspflichtverletzung dar (§ 3 III Nr. 1 StVO). Fraglich ist, ob dem P der Tod des F auch objektiv zurechenbar war. Der F wäre nämlich auch dann umgekommen, wenn P mit 50 km/h gefahren wäre. Rspr. und Teile d. Lit. vertreten in diesem Zusammenhang die **Vermeidbarkeitstheorie**. Nach dieser fehlt es am Pflichtwidrigkeitszusammenhang, wenn der gleiche Erfolg auch bei sorgfaltsgemäßem Verhalten mit an Sicherheit grenzender Wahrscheinlichkeit eingetreten wäre. Der Tod des F wäre demnach dem P nicht zurechenbar. Eine andere Ansicht stellt die **Risikoerhöhungslehre** dar. Nach dieser genügt es bereits, dass der Täter die Gefahr für das Rechtsgut *unerlaubt erhöht* hat und der Erfolg bei rechtmäßigem Alternativverhalten *möglicherweise* ausgeblieben wäre. Wäre P 50 km/h gefahren, wäre der Tod des F möglicherweise ausgeblieben. Nach dieser Ansicht müsste die objektive Zurechnung bejaht werden.

Lektion 2: Objektiver Tatbestand: Objektive Zurechnung II

Ferrarifahrer F fährt mit überhöhter Geschwindigkeit auf einer Landstraße, schafft es jedoch noch rechtzeitig, vor dem Ortseingang des Ortes O, seine Geschwindigkeit auf die zulässigen 50 km/h zu drosseln. Innerhalb der Ortschaft läuft ihm der 7-jährige K vor das Auto und erliegt wenig später seinen Verletzungen. Niemand hätte in dieser Situation mit 50 km/h noch rechtzeitig bremsen können. Strafbarkeit des F?

T fügt dem O sorgfaltswidrig einen komplizierten Unterarmbruch zu. Während der im Krankenhaus vorgenommenen Operation begeht Arzt A einen groben Narkosefehler, der zum Tod des O führt. A ist deshalb strafbar wegen fahrlässiger Tötung gem. § 222 StGB sowie fahrlässiger Köperverletzung gem. § 229 StGB, die hinter § 222 StGB im Wege der Gesetzeskonkurrenz zurück tritt. Strafbarkeit des T?

Literatur: *Lackner/Kühl*, 28. Auflage, Vor § 13 Rn. 14ff; *Jäger*, StrafR AT, 7. Aufl., Rn 34; *Kühl*, Strafrecht AT, 7. Aufl., § 4 Rn. 36ff; *Heinrich*, StrafR AT, 4. Aufl., § 11 IV.

Objektiver Tatbestand: Objektive Zurechnung II

F könnte sich dadurch, dass er den K überfuhr, wegen fahrlässiger Tötung gem. § 222 StGB strafbar gemacht haben. Der Erfolg in Form des Todes des K ist eingetreten. Die Sorgfaltswidrigkeit liegt im Überschreiten der Geschwindigkeit (§ 3 III Nr. 2 StVO) auf der Landstraße. Fraglich ist jedoch, ob dem F der Tod des K auch zugerechnet werden kann. Dies könnte aufgrund der Überlegung bejaht werden, dass der F später in die Ortschaft eingefahren wäre, hätte er die Geschwindigkeitsbegrenzung auf der Landstraße beachtet. Dann wäre er auch später an der Stelle angekommen, an der er den K erfasste und hätte ihn daher nicht verletzen können. Dem widerspricht jedoch der **Schutzzweck der Norm**, die hier § 3 III Nr. 2 StVO darstellt. § 3 III Nr. 2 StVO als Geschwindigkeitsvorschrift will nicht verhindern, dass sich ein Fahrer zu einer bestimmten Zeit an einem bestimmten Ort befindet, sondern sie soll sicherstellen, dass in einer konkreten Situation rechtzeitig reagiert werden kann. Somit kann der Tod des K dem F nicht zugerechnet werden. Eine Strafbarkeit gem. § 222 StGB kommt nicht in Betracht.

T könnte sich ebenfalls gem. § 222 StGB strafbar gemacht haben. Der tatbestandliche Erfolg ist eingetreten, auch Sorgfaltswidrigkeit ist gegeben. Fraglich ist, ob dem T der Tod des O auch zurechenbar war. Die **h.M. unterscheidet** hier zwischen **leichten und groben ärztlichen Kunstfehlern**. Bei groben ärztlichen Kunstfehlern erfolg eine Verschiebung des Verantwortungsbereiches auf den Dritten, in diesem Fall auf den Arzt A. Der Zurechnungszusammenhang wäre dann unterbrochen. Mit leichten Kunstfehlern muss hingegen grundsätzlich gerechnet werden. Der Zurechnungszusammenhang bliebe dann bestehen.
Ein **Teil d. Lit. unterscheidet** hingegen zwischen der **Eröffnung einer neuen Gefahrenquelle** und der **Nichtabwendung der Ausgangsgefahr**. Eröffnet der Arzt eine neue Gefahrenquelle, muss die objektive Zurechnung verneint werden. Vorliegend schuf A durch die fehlerhafte Narkose eine neue Gefahrenquelle, sodass die objektive Zurechnung bei T verneint werden muss. Wendet hingegen der Arzt durch den Kunstfehler die Ausgangsgefahr (hier der Unterarmbruch) lediglich nicht ab, bleibt die Zurechnung zum Ersttäter erhalten. Problematisch an der Differenzierung der Literatur ist zum einen, dass der Täter dadurch von der Verantwortung für die üblichen Gefahren der von ihm hervorgerufenen Behandlung entlastet wird, zum anderen, dass nur schwer nachweisbar sein wird, wann eine neue Gefahrenquelle eröffnet oder die Ausgangsgefahr nur nicht abgewendet wurde. Der Differenzierung der h.M. ist daher der Vorzug zu geben.

Lektion 3: Subjektiver Tatbestand: Vorsatz

Aus welchen beiden Elementen besteht der Tatbestandsvorsatz?

Beschreiben Sie diese Elemente!

Welche Erscheinungsformen des Vorsatzes kennen Sie?

Literatur: *Lackner/Kühl*, 28. Auflage, § 15 Rn. 3ff; *Heinrich*, StrafR AT, 4. Aufl., § 12 III;
Kühl, Strafrecht AT, 7. Aufl., § 5 Rn. 1ff.

Subjektiver Tatbestand: Vorsatz

Der Tatbestandvorsatz besteht aus einem **kognitiven** und einem **voluntativen** Element. Das kognitive Element liegt vor, wenn der Täter sich derjenigen Umstände bewusst ist, die zum gesetzlichen Tatbestand gehören (kurz: Wissen). Der Grad des erforderlichen Bewusstseins hängt dabei von der Art der jeweiligen Tatbestandsmerkmale ab. Bei deskriptiven Tatbestandsmerkmalen, d.h. solchen, die im Allgemeinen der sinnlichen Wahrnehmung zugänglich sind (z.B. „Mensch“ oder „Sache“), ist es ausreichend, wenn der Täter diese Gegenstände auch tatsächlich sinnlich wahrgenommen hat. Bei Begriffen hingegen, deren Feststellung durch Wertung erfolgen muss (normative Tatbestandsmerkmale, z.B. „Urkunde“ oder „fremd“), ist es notwendig, dass der Täter den rechtlich-sozialen Bedeutungsinhalt im Rahmen einer sog. „Parallelwertung in der Laiensphäre“ geistig verstanden hat.
Das voluntative Element liegt vor, wenn der Täter das Geschehen bewusst auf eine Verletzung hin steuert (kurz: Wollen).

Dolus directus 1. Grades (Absicht)

Kognitives Element (Wissen)	**Voluntatives Element (Wollen)**
Bloßes Für-Möglich-Halten genügt	Dem Täter kommt es gerade darauf an, den tatbestandsmäßigen Erfolg zu verwirklichen

Dolus directus 2. Grades (Wissentlichkeit)

Kognitives Element (Wissen)	Voluntatives Element (Wollen)
Der Täter weiß oder sieht es als sicher an, dass sein Handeln zur Tatbestandsverwirklichung führt	Selbst ein Nichtwollen kann vorliegen

Dolus eventualis (bedingter Vorsatz) i.E. str.

Kognitives Element (Wissen)	Voluntatives Element (Wollen)
Bloßes Für-Möglich-Halten des Erfolgseintritts	Bloßes Sich-Abfinden

Lektion 3: Subjektiver Tatbestand: Vorsatz II

Wie sind dolus eventualis und bewusste Fahrlässigkeit voneinander abzugrenzen?

Welche Besonderheit ergibt sich bei der Abgrenzung von dolus eventualis und bewusster Fahrlässigkeit im Rahmen der Tötungsdelikte?

Literatur: *Lackner/Kühl*, 28. Auflage, § 15 Rn. 23ff; *Heinrich*, StrafR AT, 4. Aufl., § 12 IV 3; *Kühl*, Strafrecht AT, 7. Aufl., § 5 Rn. 43ff.

Subjektiver Tatbestand: Vorsatz II

Es ist strittig, wie dolus eventualis und bewusste Fahrlässigkeit voneinander abzugrenzen sind. Das Hauptproblem liegt dabei in der Frage nach der Ausprägung eines voluntativen Elements. Jedoch werden auch die Anforderungen an das kognitive Element nicht ganz einheitlich beantwortet.

Kognitive Theorien:

1. **Wahrscheinlichkeitstheorie** = Der Erfolgseintritt wird für wahrscheinlich gehalten. „Wahrscheinlich" ist dabei mehr als „möglich" und weniger als „überwiegend wahrscheinlich".
2. **Theorie vom unabgeschirmten Risiko** = Setzen einer unabgeschirmte Gefahr und deren Erkennen.
3. **Möglichkeitstheorie** = Erkennen der (konkreten) Möglichkeit des Erfolgseintritts.

Voluntative Theorien:

1. **Gleichgültigkeitstheorie** = Dem Täter ist der Erfolgseintritt gleichgültig.
2. **Ernstnahmetheorie** = Der Täter nimmt den Erfolgseintritt ernst und findet sich mit ihm ab. Ihm fehlt das Vertrauen auf das Ausbleiben der Rechtsgutsverletzung.
3. **Gefährdungstheorie** = Der Täter erkennt die konkrete Gefahr der Rechtsgutsverletzung, lässt sich von seinem Verhalten aber dennoch nicht abbringen.
4. **Einwilligungs- oder Billigungstheorie (H.L. und Rspr.)** = Der Täter muss den für möglich gehaltenen Erfolgseintritt zumindest billigend in Kauf genommen haben.

Im Bereich der Tötungsdelikte hat der BGH die sog. **Hemmschwellentheorie** entwickelt. Danach sei die Hemmschwelle gegenüber Tötungen grundsätzlich höher, d.h. dass der Täter regelmäßig auf einen guten Ausgang vertraue. Das voluntative Element muss bei Tötungsdelikten durch konkrete Umstände gestützt sein.

Lektion 3: Subjektiver Tatbestand: Tatbestandsirrtum, § 16

Ordnen Sie den Tatbestandsirrtum sowie den Verbotsirrtum systematisch in den Deliktsaufbau ein!

Unterscheiden Sie zwischen einem Irrtum in tatsächlicher und einem Irrtum in rechtlicher Hinsicht!

Was versteht man unter einem umgekehrten Tatbestandsirrtum sowie einem umgekehrten Verbotsirrtum?

Literatur: *Lackner/Kühl*, 28. Auflage, § 16 Rn. 1ff; *Heinrich*, StrafR AT, 4. Aufl., § 29; *Kühl*, Strafrecht AT, 7. Aufl., § 13 Rn. 7ff; *Wessels/Beulke/Satzger*, StrafR AT, 45. Aufl., Rn. 681ff.

Subjektiver Tatbestand: Tatbestandsirrtum, § 16

Irrtum in tatsächlicher Hinsicht (der Täter hat den Sachverhalt falsch erfasst):

Tatbestandsmäßigkeit	Rechtswidrigkeit	Schuld
Tatbestandsirrtum	Erlaubnistatbestandsirrtum	Irrtum über sachl. Vorauss. eines Entschuldigungsgrundes
§ 16 I, Vorsatz (-)	rechtl. Behandlung str.	Schuld (-)
Fahrlässigkeitstat, sofern strafbar (§ 16 I S. 2 StGB)	nach h.M. entfällt Vorsatzschuld (§ 16 analog)	falls unvermeidbar, § 35 II; sonst §§ 35 II 2, 49 I

Irrtum in rechtlicher Hinsicht (der Täter hat den Sachverhalt richtig erfasst, aber rechtlich falsch bewertet):

Tatbestandsmäßigkeit	Rechtswidrigkeit	Schuld
Verbotsirrtum	Erlaubnisirrtum	Irrtum über Existenz/ rechtl. Grenzen eines Entschuldigungsgrundes
Schuld (-)	Schuld (-)	rechtl. Behandlung str.
Falls unvermeidbar, § 17; sonst §§ 17 S. 2, 49	Falls unvermeidbar, § 17; sonst §§ 17 S. 2, 49	Nach h.M. unbeachtl.; evtl. Berücksichtigung im Strafmaß (§ 46 II)

Analog dieser Einteilung sollte man sich den umgekehrten Irrtum klarmachen. Während sich beim **umgekehrten Tatbestandsirrtum** der Täter eine Sachlage vorstellt, bei deren wirklichem Vorliegen sein Handeln den gesetzlichen Tatbestand erfüllen würde (*untaugl. Versuch*), nimmt er beim **umgekehrten Verbotsirrtum** irrig an, sein in tatsächlicher Hinsicht richtig erkanntes Verhalten falle unter eine Verbotsnorm, die nur in seiner Einbildung existiert oder die er infolge falscher Auslegung zu seinen Ungunsten überdehnt (*Wahndelikt*).

Lektion 3: Subjektiver Tatbestand: Tatbestandsirrtum II

Wie ist der Irrtum über ein normatives Tatbestandsmerkmal zu behandeln?

Bsp.: Rohstofflieferant A liefert dem Juwelier B einen Goldbarren, damit dieser daraus mehrere Armbänder fertigen kann. Die Bezahlung des Goldbarrens sollte – wie üblich – zwei Wochen nach Lieferung bei dem A eingehen. Als A nach zwei Wochen noch keine Zahlung erhalten hatte, ging er in das Juweliergeschäft des B und nahm unter Protesten des B die bereits aus dem Goldbarren gefertigten Armbänder an sich.

Variante a): A weiß zwar, dass die Armbänder durch Verarbeitung gem. § 950 BGB nun im Eigentum des B stehen, denkt aber, dass dies nicht gelten könne, da B noch nicht gezahlt hat.

Variante b): A denkt, die Armbänder gehörten ohnehin ihm, da es ja auch sein Goldbarren war.

Strafbarkeit des A?

Literatur: *Lackner/Kühl*, 28. Auflage, § 15 Rn. 14; *Heinrich*, StrafR AT, 4. Aufl., § 30 II 2 Rn. 1081ff.

Subjektiver Tatbestand: Tatbestandsirrtum II

Wie bereits beschrieben, ist zwischen **deskriptiven** und **normativen** Tatbestandsmerkmalen zu unterscheiden. Bei **deskriptiven Tatbestandsmerkmalen** führt bereits das Ausbleiben deren sinnlicher Wahrnehmung dazu, dass der Vorsatz nach § 16 I 1 entfällt. Fraglich ist, wie bei den normativen Tatbestandsmerkmalen zu verfahren ist. Die reine sinnliche Wahrnehmung führt bei ihnen nicht weiter, muss deren Feststellung doch durch Wertung erfolgen (Vorliegen einer „Urkunde"? Ist der Gegenstand „fremd"?). Es müsste also eine falsche Wertung des Merkmals vorgenommen werden, um § 16 I 1 bejahen zu können. Dies lässt jedoch außer Betracht, dass die Wertung eines normativen Tatbestandsmerkmals mitunter sehr kompliziert sein kann (sind die Geldscheine, die mit einer fremden EC-Karte vom Geldautomaten abgehoben wurden, fremd?), sodass sich ein Laie sehr einfach auf einen Irrtum berufen könnte. Bei einem Irrtum über ein normatives Tatbestandsmerkmal muss daher wie folgt vorgegangen werden:

1. **Reduzierung der rechtlichen Komplexität**
2. **Liegt der Irrtum innerhalb oder außerhalb der Parallelwertung in der Laiensphäre?**
   Hinsichtlich der Wertung eines normativen Tatbestandsmerkmals ist keine exakte juristische Bewertung notwendig, es genügt stattdessen die zutreffende Erfassung des rechtlich-sozialen Bedeutungsinhalts nach Laienart (Parallelwertung in der Laiensphäre). An der Parallelwertung der Laiensphäre wird zwar kritisiert, dass Wertungen des juristischen Laien die Entscheidungen des Gesetzgebers nicht ersetzen können. Im Rahmen des Irrtums über ein normatives Tatbestandsmerkmals ist jedoch, so die einhellige Ansicht, noch keine bessere Lösung gefunden worden. Die Parallelwertung der Laiensphäre ist daher Gegenstand folgender Unterscheidung: Hat der Täter den rechtlich-sozialen Bedeutungsgehalt des Tatumstandes verkannt, wird der Irrtum als Tatbestandsirrtum gem. § 16 StGB behandelt. Bei Verkennung der Bedeutung des Tatumstandes handelt es sich hingegen um einen Subsumtionsirrtum, der nach § 17 StGB erfasst wird. In der Variante a) des oben genannten Beispiels hat A das Unrecht der Tat laienmäßig erkannt, sodass sein Irrtum über das Merkmal „fremd" i.R.d. § 242 nach § 17 beurteilt wird. In der Variante b) hat er das Unrecht nicht einmal laienmäßig erfasst, sodass § 16 eingreift.

Lektion 5: Schuld: actio libera in causa

Was besagt das Koinzidenzprinzip?

Welche Fallkonstellation beschreibt die actio libera in causa und welches Problem ergibt sich aus ihr?

Bsp.: A will B erschießen. Um sich Mut anzutrinken und damit sein Hemmungsvermögen auszuschalten, genießt er vorher in solchem Umfang Alkohol, dass er zum Zeitpunkt der Abgabe des tödlichen Schusses iSv § 20 schuldunfähig ist. In diesem Zustand erschießt A den B.
Strafbarkeit des A?

Literatur: *Lackner/Kühl*, 28. Auflage, § 20 Rn. 25; *Heinrich*, StrafR AT, 4. Aufl., § 19 I; *Kühl*, Strafrecht AT, 7. Aufl., § 11 Rn. 6ff.

Schuld: actio libera in causa

Das Koinzidenzprinzip besagt, dass **alle strafbegründenden Deliktsmerkmale wenigstens einmal während der Tatausführung gemeinsam vorliegen** müssen. Der Täter muss daher auch bei Begehung der Tat schuldfähig sein.

Die **actio libera in causa** (lat. für „eine in der Ursache freie Handlung") beschreibt die Fallkonstellation, dass der Täter in verantwortlichem Zustand einen Geschehensablauf in Gang setzt, der im Zustand der Schuldunfähigkeit oder der Handlungsunfähigkeit zu Ende geführt wird (siehe Bsp.). Problematisch ist, dass der Täter aufgrund seiner Schuldunfähigkeit eigentlich nur nach § 323a StGB (Vollrausch) strafbar wäre. Dies führt teilweise zu extrem unbilligen Ergebnissen (im Bsp. wäre A nicht wegen Totschlags, sondern nur wegen Vollrausches strafbar). Die Rechtsfigur der actio libera in causa soll helfen, dennoch zu einer Strafbarkeit zu gelangen. Die Begründungsansätze dafür sind *umstritten* und unterscheiden sich dadurch, dass sie entweder den **Zeitpunkt des „Sich-Berauschens" oder den Zeitpunkt der Tathandlung** als maßgebend erachten. Die den Zeitpunkt des „Sich-Berauschens" als maßgeblich erachtenden Ansätze sind die Tatbestandslösung und das Modell der mittelbaren Täterschaft. Die **Tatbestandslösung** sieht bereits im Herbeiführen des Defektzustandes (also im Sich-Berauschen) den Beginn der Tatbestandsverwirklichung. Der Schuldvorwurf ist auf die *actio praecedens* zu legen. Nach dem Modell der **mittelbaren Täterschaft** verwende der Täter sich selbst als im Defektzustand schuldunfähiges Werkzeug. Die den Zeitpunkt der Tathandlung als maßgeblich erachtenden Ansätze bestehen aus dem Ausdehnungs- und Ausnahmemodell. Das **Ausdehnungsmodell** interpretiert die Phrase „bei Begehung der Tat" in § 20 StGB ausdehnend. Sie erfasse auch schuldrelevantes Vorverhalten, mithin das Sich-Betrinken. Dass dies jedoch nicht bedeutet, dass der Täter mit dem Betrinken auch zur Verwirklichung des Tatbestandes unmittelbar ansetzt, begründet diese Ansicht damit, dass die „Tat" in § 20 weiter gefasst sein kann als die „Verwirklichung des Tatbestandes" in § 22. Der Täter setze daher erst an, wenn er mit der Rauschtat beginne. Für die **Ausnahmetheorie** bleibt schließlich die im Rausch begangene Tat die eigentliche Tathandlung. Die a.l.i.c. stelle eine gewohnheitsrechtlich anerkannte Ausnahme von § 20 StGB dar. Diese müsse teleologisch im Hinblick auf den Rechtsmissbrauchsgedanken reduziert werden: wer sich schuldhaft mit deliktischer Absicht in den Zustand der Schuldunfähigkeit versetzt, könne sich nicht auf § 20 StGB berufen.

Lektion 5: Schuld: actio libera in causa II

Welcher Theorie zur Begründung der actio libera in causa ist der Vorzug zu geben?

Wie ist die actio libera in causa zu unterteilen?

In welchen Bereichen hat der BGH die Rechtsfigur der a.l.i.c. aufgegeben?

Literatur: *Lackner/Kühl*, 28. Auflage, § 20 Rn. 25; *Heinrich*, StrafR AT, 4. Aufl., § 19 II, III; *Kühl*, Strafrecht AT, 7. Aufl., § 11 Rn. 6ff.

Schuld: actio libera in causa III

Gegen die Tatbestandslösung spricht, dass der Täter bereits dann zur Tatbestandsverwirklichung unmittelbar ansetzt, wenn er mit dem Trinken beginnt. **Gegen die mittelbare Täterschaft** spricht, dass gerade die Steuerung des Werkzeugs typisch ist. Hier verliert der Täter die Steuerung über sich selbst und benutzt zudem keinen „anderen". **Am Ausdehnungsmodell wird kritisiert**, dass die Wortlautgrenze des Begriffs „Tat" überschritten wird. **An der Ausnahmetheorie wird ausgesetzt**, dass sie das Koinzidenzprinzip verletze und somit einen Verstoß gegen Art. 103 II GG in Kauf nimmt. Aus all diesen Gründen existiert eine stärker werdende Literaturströmung, die die a.l.i.c. für mit geltendem Recht unvereinbar hält und eine Normierung durch den Gesetzgeber verlangt. Da diese Ansicht aus klausurtaktischer Sicht oftmals zum Ende der jeweiligen Prüfung führt, sollte sich der Tatbestandslösung angeschlossen werden.

Die actio libera in causa existiert in einer **vorsätzlichen und einer fahrlässigen** Form. Bei einer vorsätzlichen a.l.i.c. handelt der Täter sowohl hinsichtlich der Herbeiführung seines späteren Defekts als auch bezüglich der Begehung einer bestimmten Tat in diesem Zustand vorsätzlich. Bei einer fahrlässigen a.l.i.c. handelt der Täter bzgl. seines Defektzustandes fahrlässig oder bzgl. seines Defektzustandes vorsätzlich und bedenkt dabei fahrlässig nicht die Möglichkeit der späteren Straftat.

Im Bereich der **fahrlässigen a.l.i.c. sowie bei den eigenhändigen Delikten**. Bei **Fahrlässigkeitsdelikten** ist jeder Fahrlässigkeitsbeitrag im Vorfeld ausreichend. Das Sich-Betrinken muss also nicht künstlich als vorwerfbarer Akt interpretiert werden. Der BGH sieht die Rechtsfigur der a.l.i.c. innerhalb der Fahrlässigkeitsdelikte daher gar **nicht als notwendig** an. Zu einem ähnlichen Ergebnis gelangt der BGH bei den **eigenhändigen Delikten**. Eigenhändige Delikte sind solche, die der Täter nur persönlich begehen kann (z.B. § 316). Eine Begehung durch mittelbare Täterschaft ist nicht möglich, in einigen Sonderfällen jedoch vom Gesetzgeber erfasst (§ 160). Im Gegensatz zu den Fahrlässigkeitsdelikten ist die a.l.i.c. bei den eigenhändigen Delikten nicht unnötig, sondern passt schlichtweg nicht. Anders als bei den Erfolgsdelikten besteht der Unrechtsgehalt bei eigenhändigen Delikten nicht nur in der bloßen Verursachung eines Erfolges, sondern in der persönlichen Verwirklichung einer im Gesetz beschriebenen Handlung (§ 316 = Führen eines Fahrzeugs; § 154 = falsches Schwören). Das bloße Erfolgsverursachungsprinzip und damit die a.l.i.c. passen also nicht.

Lektion 5: Schuld: Entschuldigender Notstand / Notwehrexzess

Welche anerkannten Entschuldigungsgründe kennen Sie?

Skizzieren Sie das Aufbauschema des entschuldigenden Notstands, § 35 I StGB!

Skizzieren Sie das Aufbauschema des Notwehrexzesses, § 33 StGB!

Literatur: *Lackner/Kühl*, 28. Auflage, § 33 Rn. 1ff, § 35 Rn. 1ff; *Heinrich*, StrafR AT, 4. Aufl., § 18 I-III; *Kühl*, Strafrecht AT, 7. Aufl., § 12 Rn. 13ff, 126ff.

Schuld: Entschuldigender Notstand

I. Notstandslage

a) gegenwärtige Gefahr (wie bei § 34)
b) für Leben, Leib oder Freiheit
c) für ihn, einen Angehörigen (§ 11 I Nr. 1 StGB) o. andere nahestehende Person

II. Notstandshandlung

a) Beeinträchtigung eines anderen Rechtsgutes zur Gefahrenabwendung
b) geeignet u. erforderlich („nicht anders abwendbaren Gefahr“)
c) <u>kein offensichtliches Missverhältnis</u> des angerichteten Schadens zur Schwere der Gefahr
(Grds. der Verhältnismäßigkeit)

keine Güterabwägung, stattdessen:

III. Ausnahmeregelung des § 35 I 2 StGB: Zumutbarkeitsklausel

Keine Entschuldigung, wenn Duldung der Gefahr zumutbar, z.B.

- ➢ Gefahr vom Täter selbst verursacht
- ➢ Garantenstellung
- ➢ besonderes Rechtsverhältnis (Feuerwehrmann etc.)

IV. Subjektives Entschuldigungselement

Kenntnis der Notstandslage und Rettungswille

Notwehrexzess

I. Bestehen einer Notwehrlage

II. Überschreitung des Notwehrrechts

insb. sog. **intensiver Notwehrexzess:**

Der Täter unternimmt mehr, als <u>erforderlich</u> wäre.

Überschreitung der **Gebotenheitsgrenze** zur Entschuldigung gem. § 33? **str.**

Ⓟ Wird auch der sog. **extensive Notwehrexzess** (= die Überschreitung der <u>zeitlichen</u> Grenzen – Gegenwärtigkeit) des Notwehrrechts erfasst?

Ⓟ *Folgeproblem:* Angenommen, man erkennt den extensiven Notwehrexzess an - gilt dies auch für den vorzeitigen oder nur für den nachzeitigen Notwehrexzess?

III. Motive für die Überschreitung

nur sog. **defensive oder asthenische Affekte**: Verwirrung, Furcht oder Schrecken

<u>**nicht**</u> bei sog. **aggressiven oder sthenischen Affekten:** Hass, Zorn oder Kampfeseifer; als Begleitmotive jedoch unschädlich (str.)

⇨ **Innerer Zusammenhang** zw. Notwehrüberschreitung und Affekt (Gesetzesformulierung „aus“)

IV. Subjektive Seite

- ➢ Handeln zum Zwecke der Verteidigung; nur Kenntnis (str.)
- ➢ auch bewusste Notwehrüberschreitung erfasst, str.

Lektion 5: Schuld: Weitere Entschuldigungsgründe

Welche Fälle kennzeichnen den übergesetzlichen entschuldigenden Notstand?

Bsp.: T ist Bahnwärter. Er erfährt, dass ein führerloser Güterzug eine Bombe transportiert, die zeitgleich mit dem Einlaufen des Güterzuges in den Hauptbahnhof H explodieren soll. Um eine Katastrophe zu verhindern, stellt er in letzter Sekunde die Weichen um, wohl wissend, dass der Güterzug dann zwei Bahnarbeiter erfassen würde. Die Bombenexplosion im Bahnhof kann auf diese Weise abgewendet werden, die Bahnarbeiter A und B sind jedoch sofort tot. Ist T entschuldigt?

Kann ein Handeln auf Befehl entschuldigt sein?

Literatur: *Lackner/Kühl*, 28. Auflage, Vor § 32 Rn. 31, § 2 Rn. 16; *Heinrich*, StrafR AT, 4. Aufl., § 18 V; *Kühl*, Strafrecht AT, 7. Aufl., § 12 Rn. 92ff.

Schuld: Weitere Entschuldigungsgründe

I. Notstandslage
a) gegenwärtige Gefahr
b) für das Leben
II. Kein Eingreifen von § 34 o. § 35
a) keine Rechtfertigung nach § 34 (wegen Abwägungsverbot Leben gegen Leben)
b) keine Entschuldigung nach § 35 (da genannter Personenkreis nicht betroffen)
Typischerweise werden Fälle des **quantitativen Notstands** erfasst: Der Täter ist vor die unausweichliche Alternative gestellt, entweder dem Geschehen seinen Lauf zu lassen u. sich (durch Untätigkeit) in moralisch-sittliche Schuld zu verstricken oder Einzelne zu töten, um viele andere zu retten
c) vom Täter angerichtetes Unheil muss bei ethischer Gesamtbewertung im Verhältnis zum durch die Tat verhinderten Unheil das wesentlich geringere Übel gewesen sein
III. Keine Zumutbarkeit, die Gefahr hinzunehmen: *Kriterien der Zumutbarkeitsklausel d. § 35 I 2*
IV. Subj. Element: Gefahrabwendungswille

Beim **Handeln auf Befehl** muss zw. verbindlichen u. unverbindlichen Weisungen unterschieden werden. Erhält der Untergebene eine **verbindl. Weisung** u. begeht er aufgrund dessen eine Straftat, so ist diese gerechtfertigt. Selbst eine rechtswidrige Weisung kann verbindlich sein. **Unverbindlich** ist eine Weisung, wenn es für den Angewiesenen erkennbar ist, dass er durch die Befolgung der Weisung eine Straftat oder Ordnungswidrigkeit begeht o. wenn das weisungsgemäße Verhalten seine Würde verletzen würde. Fraglich ist, wie ein Irrtum **hinsichtlich der Verbindlichkeit der Weisung** zu behandeln ist. Nach **e.A.** sind Irrtümer über die Verbindlichkeit der Weisung nach den allgemeinen **Irrtumsregeln** zu lösen. Nach einer **a.A.** stellt das Handeln auf Befehl einen **übergesetzlichen Entschuldigungsgrund** dar, wenn die Unverbindlichkeit nicht zu erkennen war. Diese Lsg. wird durch die neueren, insb. Soldaten, Justizvollzugsbedienstete etc. betreffenden Gesetze bestätigt. Eine rechtsw. Weisung ist diesen Personengruppen gegenüber stets unverbindlich. Eine Rechtfertigung scheidet also aus. Der Angewiesene kann jedoch entschuldigt sein (§§ 5 I WStG, 11 II SoldG; 30 II, III ZDG).

Lektion 6: Versuch: Allgemeines

Was sind persönliche und sachliche Strafausschließungsgründe?

Was sind Strafaufhebungsgründe?

Skizzieren Sie die Verwirklichungsstufen des Delikts!

Literatur: *Lackner/Kühl*, 28. Auflage, Vor § 13 Rn. 29; *Heinrich*, StrafR AT, 4. Aufl., § 20 II.

Versuch: Allgemeines

Es gibt persönliche und sachliche Strafausschließungsgründe. **Persönliche Strafausschließungsgründe** beruhen auf den zur Tatzeit gegebenen persönlichen Eigenschaften oder Verhältnissen des Täters. Sie führen zur Straflosigkeit und kommen nur demjenigen zugute, der die Voraussetzungen erfüllt, § 28 II StGB. Beispiele: §§ 173 III; 258 VI; 257 III 1; 258 V; 261 IX 2 StGB; Art. 46 I GG. **Sachliche Strafausschließungsgründe** beruhen im Gegensatz zu den persönlichen auf nicht personengebundenen Umständen. Sie führen ebenfalls zur Straflosigkeit u. kommen nur dem jeweiligen Täter oder Teilnehmer zugute. Bsp: §§ 37, 186, 326 VI StGB.

Strafaufhebungsgründe sind Umstände, die erst nach Begehung einer Straftat eintreten und die bereits begründete Strafbarkeit rückwirkend wieder beseitigen. Strafaufhebungsgründe sind der Rücktritt vom Versuch (§ 24), der Rücktritt vom Versuch der Verbrechensbeteiligung (§ 31) sowie die tätige Reue (z.B. §§ 142 IV; 158 I; 261 IX 1; 306e I StGB).

1. Entschluss	2. Vorbereitung	3. Versuch	4. Vollendung	5. Beendigung
straflos beim Einzelnen strafbar bei (mind.) 2 Personen nach Maßgabe des § 30 II	straflos im Regelfall strafbar in Ausnahmefällen nach besonderen Vorschriften, z.B. §§ 83, 98, 149, 234a III	strafbar nach Maßgabe der §§ 22, 23 I	= Verwirklichung aller gesetzlichen Tatbestandsmerkmale möglich: • (sukz.) Mittäterschaft u. Beihilfe (str.) • tatbestandl. Handlungseinheit mit anderen Delikten • Verwirklichung qualifizierender Merkmale (str.) • Begünstigung (§ 257)	= über die Tatbestandserfüllung hinausgehender Abschluss der Tat Beginn der Verjährung, § 78a

Lektion 6: Versuch: Strafgrund / Aufbau / Strafbarkeit

Nennen Sie die Theorien, die zum Strafgrund des Versuchs vertreten werden!

Skizzieren Sie den Aufbau des Versuchs!

Wo ist die Strafbarkeit des Versuchs geregelt?

Literatur: *Lackner/Kühl*, 28. Auflage, § 22 Rn. 1ff; *Heinrich*, StrafR AT, 4. Aufl., § 21 I; *Kühl*, Strafrecht AT, 7. Aufl., § 15.

Versuch: Strafgrund / Aufbau / Strafbarkeit

Nach der **objektiven Theorie** liegt der Strafgrund des Versuchs in der Gefährdung des geschützten Handlungsobjekts. Nach der **subjektiven Theorie** ist der Strafgrund in der Betätigung des rechtsfeindlichen Willens zu sehen. Zwischen diesen beiden Theorien steht die von der h.M. vertretene **gemischte Theorie**. Sie besagt, dass der Versuch aufgrund der Betätigung des rechtsfeindlichen Willens, dessen Eindruck auf die Allgemeinheit zu einer Erschütterung des Rechtsbewusstseins und zur Gefährdung des Rechtsfriedens führen kann, strafbar ist.

0. Vorprüfung *(idR. kurz feststellend)*
- ➢ Fehlen der Tatvollendung (Gründe?)
- ➢ Strafbarkeit des Versuchs (§§ 23 iVm 12)?

I. Tatbestand *(idR. hier Probleme)*
1. Tatentschluss (subjektiv): Täter endgültig entschlossen?
Vorsatz bzgl. **aller (!)** obj. Tb-Merkmale + sonst. subj. Elemente
℗ Untauglicher Versuch / Wahndelikt (zur Irrtumskonstellation KK 8)
2. Unmittelbares Ansetzen (objektiv)
℗ Abgrenzung zur straflosen Vorbereitungshandlung
II., III. Rechtswidrigkeit und Schuld (wie beim vorsätzlichen Begehungsdelikt)
IV. Rücktritt, § 24 StGB (= persönlicher Strafaufhebungsgrund, s.o.) *Kein fehlgeschlagener Versuch!*

Die **Strafbarkeit** des Versuchs geht aus **§ 23 StGB** hervor. Dieser besagt, dass der Versuch eines Verbrechens stets strafbar ist. Gem. **§ 12 I** sind **Verbrechen** rechtswidrige Taten, die mit Freiheitsstrafe von **mindestens einem Jahr** bedroht sind. Der Versuch eines Vergehens ist gem. § 23 nur dann strafbar, wenn das Gesetz dies ausdrücklich bestimmt. Gem. **§ 12 II** sind **Vergehen** rechtswidrige Taten, die mit Freiheitsstrafe **unter einem Jahr oder mit Geldstrafe** bedroht sind. Ausdrückliche Bestimmungen des Versuchs eines Vergehens sind bspw. die §§ 223 II, 242 II oder 263 II StGB. *Klausurtipp*: Die Frage der Strafbarkeit des Versuchs kann idR in wenigen Sätzen beantwortet werden.

Lektion 6: Versuch: Unmittelbares Ansetzen, § 22

Welche Abgrenzung ist im Bereich des unmittelbaren Ansetzens vorzunehmen?

Literatur: *Lackner/Kühl*, 28. Auflage, § 22 Rn. 4; *Heinrich*, StrafR AT, 4. Aufl., § 21 II 5, § 23; *Kühl*, Strafrecht AT, 7. Aufl., § 15 Rn. 38ff.

Versuch: Unmittelbares Ansetzen, § 22

Im Rahmen des unmittelbaren Ansetzens muss die **Abgrenzung zwischen Versuchs- und Vorbereitungshandlungen** vorgenommen werden. Diese Abgrenzung ist in der Regel dann unproblematisch, wenn der Täter bereits mit der tatbestandlichen Ausführungshandlung begonnen und ein Tatbestandsmerkmal erfüllt hat. In einem solchen Fall hat der Täter bereits zur Tatbestandsverwirklichung unmittelbar angesetzt. Hat der Täter jedoch noch kein Tatbestandsmerkmal erfüllt, ist umstritten, wann von einem unmittelbaren Ansetzen gesprochen werden kann. *Dabei ist zunächst fraglich, ob es bei der Feststellung des unmittelbaren Ansetzens ausschließlich auf subjektive oder objektive Elemente ankommt.* Nach der älteren **formal-objektiven Theorie** war ausschließlich der Beginn der tatbestandsmäßigen Handlung im strengen Sinn als Anfang der Tatausführung anzusehen. Die **materiell-objektiven Theorien** zählen alle Tätigkeitsakte zum Versuchsbereich, die vermöge ihrer notwendigen Zusammengehörigkeit mit der Tatbestandshandlung nach natürlicher Auffassung als deren Bestandteil erscheinen oder die bereits eine unmittelbare Gefährdung des geschützten Handlungsobjektes bewirken. Nach der **subjektiven Theorie** muss allein auf das Vorstellungsbild des Täters abgestellt werden. Die h.M. vertritt eine **gemischt subjektiv-objektive Theorie**. Sie kombiniert die Vorstellung des Täters (subjektiv) mit der Unmittelbarkeit des Angriffs auf das geschützte Rechtsgut (objektiv). Dies entspricht § 22 StGB, weshalb der h.M. zu folgen ist. *Fraglich ist allerdings, wie innerhalb der gemischt subjektiv-objektiven Theorie das unmittelbare Ansetzen konkretisiert werden kann.* Auch dies ist Gegenstand eines umfangreichen Meinungsstreites. Die **Zwischenaktstheorie** sieht den Versuchsbeginn dann als gegeben an, wenn nach der Vorstellung des Täters zwischen seinem Verhalten und der Tatbestandsverwirklichung kein wesentlicher Zwischenakt mehr liegt. Nach der **Jetzt-geht's-los-Formel** beginnt der Versuch dann, wenn der Täter nach seiner Vorstellung die Schwelle zum „Jetzt-geht's-los" überschritten hat. Die **Sphärentheorie** besagt, dass das unmittelbare Ansetzen dann vorliegt, sobald der Täter in die Schutzsphäre des Opfers eingedrungen ist und zwischen der Tathandlung und dem angestrebten Erfolgseintritt ein enger zeitlicher Zusammenhang besteht. Der **BGH** vertritt zu Recht eine Mischung aus allen genannten, zumeist zum gleichen Ergebnis kommenden Theorien. Danach liegt ein Versuch vor, wenn der Täter subjektiv die **Schwelle zum "Jetzt geht's los" überschreitet** und objektiv derart zur tatbestandsmäßigen Angriffshandlung ansetzt, dass sein Tun **ohne wesentliche Zwischenakte** in die Rechtsgutsverletzung bzw. Erfüllung des Tatbestands übergehen kann.

Lektion 6: Versuch: Unmittelbares Ansetzen II

Wann liegt ein unmittelbares Ansetzen bei zusammengesetzten Delikten vor?

Bsp.: A bricht in das Haus des B ein, um Wertgegenstände zu entwenden. Mit einem Baseballschläger möchte er den B außer Gefecht setzen. Als er zum Schlag ausholt, wird er von Bs Ehefrau F überwältigt. Hat A zum Raub unmittelbar angesetzt?

Abwandlung 1: B ist nicht zu Hause. A macht sich an dem Safe zu schaffen mit dem Vorbehalt, dass er B sofort bewusstlos schlägt, sollte dieser auftauchen. Bevor er den Safe aber öffnen konnte, wird er von F überwältigt.

Wann liegt ein unmittelbares Ansetzen bei Qualifikationen vor?

Abwandlung 2: A macht sich an der Wohnungstür des B zu schaffen, um in dessen Wohnung zu gelangen. Dort möchte er sich zunächst die Schutzvorrichtungen der zu entwendenden Gegenstände anschauen, um am nächsten Tag mit angemessenem Diebeswerkzeug wieder zu kommen. Als A in die Wohnung gelangt, wird er von der hinter der Tür wartenden F überwältigt. Hat A unmittelbar angesetzt?

Stellt die Verwirklichung eines Regelbeispiels ein unmittelbares Ansetzen zum Grunddelikt dar?

Bsp.: Wie oben. A bricht jedoch nicht in das Haus, sondern das Büro des B ein, in dem B sich zu dieser Zeit nicht aufhält. Bevor A jedoch den Safe sichtet, überwältigt ihn das Wachpersonal. Hat A unmittelbar zu §§ 242 iVm 243 I Nr. 1 angesetzt?

Versuch: Unmittelbares Ansetzen II

Der **Versuch des Gesamtdelikts** liegt bereits dann vor, wenn der Täter zu einem Teilakt unmittelbar ansetzt, sofern darin zugleich das Ansetzen zu anderen Teilakten liegt. In dem Ausholen zum Schlag durch A ist ein unmittelbares Ansetzen zum Teilakt des qualifizierten Nötigungsmittels zu sehen. A hat sich daher wegen versuchten Raubes gem. §§ 249, 22, 23 I StGB strafbar gemacht. Setzt der Täter jedoch nicht zum ersten, sondern zum zweiten Teilakt unmittelbar an und behält sich den ersten vor, macht er sich nicht wegen Begehung des angestrebten Gesamtdelikts strafbar. In der Fallabwandlung hat sich A daher nur wegen versuchten Wohnungseinbruchsdiebstahls strafbar gemacht.

Erfüllt der Täter, bevor er mit der eigentlichen Tatbestandsverwirklichung beginnt, ein **qualifizierendes Merkmal**, hat er nur dann zur Tatbestandsverwirklichung unmittelbar angesetzt, wenn das Grunddelikt nach dem Vorstellungsbild des Täters in unmittelbarem Anschluss, mithin ohne zeitliche Zäsur, verwirklicht werden soll. Im Beispiel setzte A daher bereits dann zum Wohnungseinbruchsdiebstahl gem. § 244 I Nr. 3 StGB an, als er begann, die Wohnungstür aufzubrechen. Die Wegnahme der Wertgegenstände sollte in unmittelbarem zeitlichem Zusammenhang erfolgen. In der Abwandlung hat A hingegen mit dem Aufbrechen der Wohnungstür nicht unmittelbar angesetzt. A hat sich daher nur wegen Hausfriedensbruchs gem. § 123 in Tateinheit mit einer Sachbeschädigung gem. § 303 aufgrund des Aufbrechens der Wohnungstür strafbar gemacht.

Ob die bloße **Verwirklichung eines Regelbeispiels** zur Annahme des unmittelbaren Ansetzens zum Grunddelikt führt, ist umstritten. **Eine Ansicht** beruft sich darauf, dass der Gesetzgeber mit Änderung einiger Qualifikationstatbestände in Regelbeispiele nicht die Frage des Versuchsbeginns ändern wollte. Mit Verwirklichung des Regelbeispiels ist ein unmittelbares Ansetzen daher gegeben. Nach der vorzugswürdigen **h.M.** muss gem. § 22 immer auf den Tatbestand und nicht auf benannte Strafzumessungsregeln, die Regelbeispiele nach h.M. darstellen, abgestellt werden. Andernfalls würde die Abgrenzung von Versuch und straflosen Vorbereitungshandlungen vom Vorliegen einer Strafzumessungsregel abhängen, die lediglich eine Indizwirkung erzeugen kann. Im Beispielsfall hat A daher nicht unmittelbar zur Wegnahme angesetzt und ist daher nicht wegen versuchten Diebstahls in einem besonders schweren Fall strafbar.

Lektion 6: Versuch: Untauglicher und grob unverständiger Versuch / Wahndelikt

Wann liegt ein untauglicher Versuch vor?

Ist der untaugliche Versuch strafbar?

Wann liegt ein grob unverständiger Versuch vor?

Bsp.: A serviert seiner Ehefrau E eine Tasse Kaffee, um sie umzubringen, da sein Vater stets behauptete, Kaffee sei „schwarzes Gift". E stirbt überraschend nicht. Versuchsstrafbarkeit?

Wann liegt ein Wahndelikt vor?

Literatur: *Lackner/Kühl*, 28. Auflage, § 22 Rn. 12, 15; *Heinrich*, StrafR AT, 4. Aufl., § 22 I-IV; *Kühl*, Strafrecht AT, 7. Aufl., § 15 Rn. 86ff.

Versuch: Untauglicher und grob unverständiger Versuch / Wahndelikt

Ein **untauglicher Versuch** liegt vor, wenn der Täter irrig einen Sachverhalt annimmt, bei dem er, wenn er gegeben wäre, einen deliktischen Tatbestand verwirklichen würde. Der untaugliche Versuch stellt einen **umgekehrten Tatbestandsirrtum** dar: Während der Täter beim Tatbestandsirrtum einen Sachverhalt für gegeben hält, bei dessen Vorliegen er straffrei wäre, ist es beim untauglichen Versuch genau umgekehrt (siehe auch KK 8). Ein untauglicher Versuch liegt vor bei einem **Versuch am untauglichen Objekt oder Opfer** (*Bsp: Abtreibungsversuch an einer Nichtschwangeren),* einem **Versuch mit untauglichen Mitteln** (*Bsp: Verwendung einer zu schwachen Giftdosis)* sowie dem **Versuch des untauglichen Subjekts** (*Bsp: Der Nichtbeamte begeht ein Amtsdelikt in irriger Vorstellung, Beamter zu sein - aA Wahndelikt).*

Der untaugliche Versuch ist **strafbar**. Dies ergibt sich aus § 22 StGB, der nur auf die Vorstellung des Täters abstellt sowie aus § 23 III StGB, der sogar den Täter eines grob unverständigen Versuchs generell strafbar sein lässt.

Ein **grob unverständiger Versuch** liegt vor, wenn der Täter gemeinhin anerkannte Denkregeln außer Acht lässt (siehe Bsp.). Er ist in § 23 III StGB geregelt.

Bei einem **Wahndelikt** kennt der Täter – im Gegensatz zum untauglichen Versuch – den Sachverhalt. Er nimmt jedoch an, dieser Sachverhalt sei als Delikt unter Strafe gestellt. Dabei kommen folgende Konstellationen in Betracht: Der Täter nimmt an, sein Verhalten verstoße gegen eine **Strafvorschrift**, die es nicht gibt (umgekehrter Verbotsirrtum, Bsp.: Ehebruch; siehe auch KK 8); der Täter verkennt die **Grenzen der Notwehr** zu seinen Ungunsten, sodass er sein an sich durch Notwehr gerechtfertigtes Verhalten für strafbar hält (umgekehrter Erlaubnisirrtum, Bsp.: Notwehr gegen einen unmittelbar bevorstehenden Angriff sei nicht erlaubt); der Täter weiß nicht, dass ihm ein **persönlicher Strafausschließungsgrund** kriminalpolitischen Charakters zugute kommt (wie z.B. § 173 III) und hält sein Verhalten daher für strafbar; der Täter kennt den Sachverhalt, nimmt aber die Wertung eines **normativen Tatbestandsmerkmals** zu seinen Ungunsten falsch vor (umgekehrter Subsumtionsirrtum).

Lektion 7: Rücktritt, § 24: Allgemeines

Was ist die dogmatische Begründung der Rücktrittsprivilegierung?

Was besagt § 24 StGB?

Literatur: *Lackner/Kühl*, 28. Auflage, § 24 Rn. 1ff; *Heinrich*, StrafR AT, 4. Aufl., § 24 I; *Wessels/Beulke/Satzger*, StrafR AT, 45. Aufl., Rn. 885ff; *Kühl*, Strafrecht AT, 7. Aufl., § 16.

Rücktritt, § 24: Allgemeines

Der Rücktritt ist ein persönlicher Strafaufhebungsgrund. Die **dogmatische Begründung** der Rücktrittsprivilegierung ist umstritten. Nach der **kriminalpolitischen Theorie** soll dem Täter eine „goldene Brücke zum Rückzug“ gebaut werden. Die **Verdienstlichkeitstheorie** stellt fest, dass durch die Verhinderung des Erfolgseintritts der Unwert des Versuchs beseitigt wird. Nach der **Schulderfüllungstheorie** erfüllt der Täter dadurch, dass er die Vollendung der Tat durch eine ihm zurechenbare Leistung verhindert, seine Pflicht zur Wiedergutmachung, sodass ihm die Schuld erlassen wird. Die in der h.M. vertretene **Strafzwecktheorie** sieht den Grund für die Rücktrittsprivilegierung schließlich darin, dass sich die Bestrafung des Täters als nicht erforderlich erwiesen hat, da er von selbst in die Legalität zurückgekehrt ist und damit seine Ungefährlichkeit unter Beweis gestellt hat. An der kriminalpolitischen Theorie wird kritisiert, dass sich der Täter im Augenblick der Tat regelmäßig keine Gedanken darüber macht, ob er in die Legalität zurückkehren sollte und welche Folgen dies für ihn haben würde. Der Schulderfüllungstheorie ist entgegen zu halten, dass durch sie der eigentliche Grund für die Strafbefreiung nicht genannt, sondern nur versucht wird, den Rücktritt zu umschreiben. Zielführend ist daher die von der h.M. vertretene Strafzwecktheorie. Sie erweist sich zudem als realitätsnah.

Rücktritt des Alleintäters			Rücktritt mehrerer Täter		
1. § 24 I 1 1. Alt.	**2.** § 24 I 1 2. Alt.	**3.** § 24 I 2	**4.** § 24 II 1	**5.** § 24 II 2 1. Alt.	**6.** § 24 II 2 2. Alt.
Freiwillige Aufgabe der weiteren Tatausführung	**Verhinderung** der Tatvollendung	Falls die Tat ohne Zutun des Zurücktretenden nicht vollendet wird: freiwillige u. ernsthafte Bemühung, die Vollendung zu verhindern	Freiwillige Verhinderung der Tatvollendung	*siehe **3.***	Falls die Tat unabhängig vom früheren Beitrag des Zurücktretenden begangen wird: freiw. und ernsthafte Bemühung, die Tatvollendung zu verhindern

Lektion 7: Rücktritt, § 24: Aufbau

Skizzieren Sie die Rücktrittsprüfung!

Literatur: *Lackner/Kühl*, 28. Auflage, § 24 Rn. 1ff; *Heinrich*, StrafR AT, 4. Aufl., § 24 III; *Kühl*, Strafrecht AT, 7. Aufl., § 16 Rn. 1ff.

Rücktritt, § 24: Aufbau

Nichtvollendung der Tat? (-) ⇨ kein Rücktritt möglich

(+) ⇩

Tatbestandsverwirklichung ohne zeitliche Zäsur tatsächlich realisierbar? (-) ⇨ fehlgeschlagener Versuch = Rücktritt (-)

(+) ⇩

Tat aus Tätersicht noch vollendbar und…?

⇩ … subj. noch mehr zur Vollendung erforderlich

- **unbeendeter Versuch**, § 24 I 1 Alt. 1
- freiwilliges Aufhören genügt

⇩ … subj. nichts mehr zur Vollendung erforderlich

- **beendeter Versuch**, § 24 I 1 Alt. 2
- freiwillige Vollendungsverhinderung erforderlich
- *bei fehlender Kausalität (inkl. untaugl. V./ beendeter V.)*
- ernsthaftes u. freiwilliges Bemühen, § 24 I 2

Lektion 7: Rücktritt, § 24: Kein fehlgeschlagener Versuch

Wann ist der Versuch fehlgeschlagen?

Stellen Sie den Unterschied zwischen fehlgeschlagenem und untauglichem Versuch dar!

Mit welcher Rücktrittskonstellation kann der fehlgeschlagene Versuch schnell verwechselt werden?

Literatur: *Lackner/Kühl*, 28. Auflage, § 24 Rn. 10ff; *Heinrich*, StrafR AT, 4. Aufl., § 24 II 2; *Wessels/Beulke/Satzger*, StrafR AT, 45. Aufl., Rn. 889ff; *Kühl*, Strafrecht AT, 7. Aufl., § 16 Rn. 9ff.

Rücktritt, § 24: Kein fehlgeschlagener Versuch

Der **Versuch ist fehlgeschlagen**, wenn die zur Ausführung der Straftat vorgenommenen Handlungen ihr Ziel nicht erreicht haben und der Täter erkannt hat, dass er mit den ihm zur Verfügung stehenden Mitteln den tatbestandlichen Erfolg nicht oder zumindest nicht ohne zeitlich relevante Zäsur herbeiführen kann. Ein fehlgeschlagener Versuch liegt zum einen dann vor, wenn nach der Vorstellung des Täters die Tatbestandsverwirklichung aus **physischen** (der Täter kann den Stein nicht anheben, mit dem er das Opfer töten möchte), **psychischen** (der Täter wird überraschend geistig handlungsunfähig) oder **rechtlichen** (die Witwe erklärt sich damit einverstanden, dass der Dieb die teure Wanduhr mitnimmt) nicht mehr möglich ist. Zum anderen ist ein fehlgeschlagener Versuch dann gegeben, wenn das Tatobjekt nicht demjenigen des Tatplans entspricht (Bsp.: Attentäter A möchte Präsident P erschießen und bemerkt kurz nach dem Anlegen des Gewehrs, dass es sich um eine andere Person handelt), insbesondere hinsichtlich seines Wertes hinter den Erwartungen zurück bleibt (Bsp.: A bricht den Safe auf, in dem er wertvolle Gegenstände vermutet, findet jedoch nur wertlose Briefe vor).

Im Gegensatz zum fehlgeschlagenen Versuch, bei dem der Täter **erkannt** hat, dass er den Erfolg nicht mehr herbeiführen kann, **verkennt** der Täter bei einem untauglichen Versuch aufgrund Annahme eines falschen Sachverhalts, dass er den Erfolg überhaupt nicht herbeiführen kann. Während bei einem fehlgeschlagenen Versuch also allein auf die **Tätervorstellung** abgestellt wird, kommt es bei einem untauglichen Versuch eher auf eine **ex-ante-Betrachtung** an. Ein untauglicher Versuch ist daher solange nicht fehlgeschlagen (und ein strafbefreiender Rücktritt somit noch möglich), wie der Täter davon ausgeht, den Erfolg noch herbeiführen zu können.

Der fehlgeschlagene Versuch kann leicht mit einem **unfreiwilligen Rücktritt vom Versuch** verwechselt werden. Eine **Teilansicht** spricht dem fehlgeschlagenen Versuch daher auch seine Einordnung als eigenständige Fallgruppe ab und sieht ihn eher als **Unterfall des unfreiwilligen Rücktritts** vom Versuch. Dagegen spricht jedoch, dass, ist die Tat ohnehin gescheitert, ein Aufgeben oder eine Vollendungsverhinderung nicht mehr möglich und auch sinnwidrig ist.

Lektion 7: Rücktritt, § 24: Kein fehlgeschlagener Versuch II

Welches Problem ergibt sich im Rahmen des fehlgeschlagenen Versuchs bei einer Fortsetzungsmöglichkeit?

Bsp.: T hat O in eine finstere Gasse gelockt, um ihn zu erschießen. Er hat nur noch eine Patrone im Revolver. T feuert den Schuss ab, muss aber erkennen, dass er O nicht tödlich getroffen hat. Aus diesem Grund nimmt er eine Plastiktüte und versucht O damit zu ersticken. Kurz vor dem Erstickungstod des O lässt T aus Mitleid von ihm ab. Strafbarkeit des T?

Inwiefern besitzt die Unterscheidung zwischen beendetem und unbeendetem Versuch große praktische Bedeutung?

Literatur: *Lackner/Kühl*, 28. Auflage, § 24 Rn. 3; *Wessels/Beulke/Satzger*, StrafR AT, 45. Aufl., Rn. 890f; *Heinrich*, StrafR AT, 4. Aufl., § 24 II 2-4; *Kühl*, Strafrecht AT, 7. Aufl., § 16 Rn. 9ff.

Rücktritt, § 24: Kein fehlgeschlagener Versuch II

Im Rahmen des fehlgeschlagenen Versuchs bei einer Fortsetzungsmöglichkeit stellt sich die Frage, *ob ein Rücktritt im zweiten Handlungsteil den zeitlich davor liegenden fehlgeschlagenen Versuch beeinflusst*. Im Beispielsfall ist der Versuch des T, den O zu erschießen, fehlgeschlagen. Vom Versuch, den O zu ersticken, ist T zurück getreten. Fraglich ist, wie sich dies auf den davor liegenden fehlgeschlagenen Versuch auswirkt. Das ist umstritten. Nach der **Einzelaktstheorie** stellt jede einzelne auf den Erfolg gerichtete und vom Täter für an sich als geeignet angesehene Handlung einen selbständigen Versuch dar. Dies gelte unabhängig davon, ob der Täter weitere Fortsetzungsmöglichkeiten sehe. Tritt der Täter von einer weiteren Handlung zurück, sei nur ein Rücktritt bzgl. der letzten, nicht aber bezüglich der davor liegenden, fehlgeschlagenen Handlung gegeben. Folgte man dieser Theorie, wäre T zwar vom Tötungsversuch durch Ersticken, nicht jedoch vom Tötungsversuch durch Erschießen zurückgetreten.
Demgegenüber vertritt die h.M. die **Gesamtbetrachtungslehre**. Nach dieser ist auf den Rücktrittshorizont des Täters im Moment der letzten Ausführungshandlung abzustellen. Selbst nach einem oder mehreren fehlgeschlagenen Teilakten behält der Täter die Möglichkeit, vom Versuch insgesamt zurückzutreten. T wäre demnach nicht nur vom Tötungsversuch durch Ersticken, sondern auch vom Tötungsversuch durch Erschießen zurück getreten.
Gegen die Einzelaktstheorie spricht, dass sie die dogmatische Begründung der Rücktrittsprivilegierung ignoriert. Durch den Rücktritt zeigt der Täter, dass er in die Legalität zurückgekehrt ist. Eine Strafe sollte dann nicht mehr erforderlich sein. Wüsste der Täter, dass er aufgrund seiner ersten Handlung ohnehin strafbar ist, gäbe es für ihn keinen Anreiz mehr, von der zweiten Handlung zurückzutreten und er wäre verleitet, das Opfer ganz umzubringen, um einen Zeugen aus dem Weg zu schaffen. Die Gesamtbetrachtungslehre ist daher vorzugswürdiger.

Die Antwort der Frage ergibt sich aus **§ 24 I 1 StGB**. Nach der **1. Alt.** genügt bei einem unbeendeten Versuch schon das Aufgeben des Tatentschlusses oder bloßes Nichtweiterhandeln für den Rücktritt. Ist der Versuch jedoch beendet, muss der Täter nach der **2. Alt.** eine erfolgsverhindernde Tätigkeit entfalten, d.h. Gegenmaßnahmen treffen. Er trägt zudem das Risiko dafür, dass seine Gegenmaßnahmen auch fruchten.

Lektion 7: Rücktritt, § 24: Beendeter und unbeendeter Versuch

Wann ist der Versuch beendet?

Wann ist der Versuch unbeendet?

Welches Problem ergibt sich im Rahmen des beendeten Versuchs bei einer Fortsetzungsmöglichkeit?

Bsp.: T plant ein weiteres Mal, den O zu erschießen. Sein Plan sieht vor, den O abermals in eine finstere Gasse zu locken, auf ihn mehrmals zu feuern und dann schnellstmöglich zu verschwinden. Nachdem es T gelingt, den O abermals in die Gasse zu locken, feuert er mehrere Schüsse auf ihn ab. O bleibt danach regungslos liegen und T nimmt an, O sei tot. Als er sich jedoch umdreht, um schnell zu verschwinden, lacht O laut und meint, T hätte wohl doch mal das Zielen üben sollen. T nimmt daraufhin eine in einem Hauseingang liegende Plastiktüte und stülpt sie dem O über, um ihn zu ersticken. Kurz vor dem Erstickungstod des O lässt T aus Mitleid von ihm ab. Strafbarkeit des T?

Literatur: *Lackner/Kühl*, 28. Auflage, § 24 Rn. 3; *Heinrich*, StrafR AT, 4. Aufl., § 24 II 3, 4;
Kühl, Strafrecht AT, 7. Aufl., § 16 Rn. 23ff, 63ff.

Rücktritt, § 24: Beendeter und unbeendeter Versuch

Der Versuch ist **beendet**, wenn der Täter nach seiner Vorstellung der Tat davon ausgeht (oder für möglich hält), dass er bereits alles Erforderliche zur Erfolgsverwirklichung getan hat. Untechnisch ausgedrückt, denkt sich der Täter beim beendeten Versuch: „Ich habe alles Erforderliche unternommen, der Erfolg kann nun eintreten."

Der Versuch ist **unbeendet**, wenn der Täter nach seiner Vorstellung von der Tat davon ausgeht, dass er noch nicht alles Erforderliche zur Erfolgsherbeiführung getan hat. Er hält dies aber im unmittelbaren Fortgang noch für möglich. Untechnisch ausgedrückt, denkt sich der Täter beim unbeendeten Versuch: „Ich habe noch nicht alles Erforderliche unternommen, der Erfolg kann daher auch noch nicht eintreten."

Die Konstellation des beendeten Versuchs bei einer Fortsetzungsmöglichkeit ist **beinahe identisch zu der des fehlgeschlagenen Versuchs** bei einer Fortsetzungsmöglichkeit, nur eben mit dem Unterschied, dass bei der ersten Handlung kein fehlgeschlagener, sondern ein beendeter Versuch vorliegt. Die Frage ist hier, ob ein beendeter oder unbeendeter Versuch vorliegt, mithin ob der Täter lediglich nicht weiter zu handeln braucht oder ob er Gegenmaßnahmen ergreifen muss. Nach der **Tatplantheorie** muss auf die Vorstellung des Täters bei Tatbeginn zurückgegriffen werden. Hat der Täter auf Grund eines fest umrissenen Tatplans nur einen einzigen Ausführungsakt vornehmen und wenn er sich zur Herbeiführung des Erfolges auch nur auf den Einsatz eines bestimmten Mittels beschränken wollen, liegt ein beendeter Versuch vor. Nachdem T die Schüsse auf O abfeuerte, glaubte er, alles zur Erfolgsherbeiführung getan zu haben. Nach der Tatplantheorie wäre sein Versuch als beendet einzustufen und ein bloßes Ablassen vom Würgen würde für den Rücktritt nicht ausreichen. Die h.M. folgt jedoch auch hier der **Gesamtbetrachtungslehre**, die auf die Vorstellung des Täters nach Abschluss der letzten Ausführungshandlung abstellen. Im Beispielsfall dachte T sich nach der letzten Ausführungshandlung (dem Würgen), sein bisheriges Tun reiche zur Herbeiführung des angestrebten Erfolges nicht aus. Somit liegt ein unbeendeter Versuch vor, von dem er durch bloßes Nichtweiterhandeln zurücktreten konnte. Der Gesamtbetrachtungslehre ist hier der Verzug zu geben, da die Tatplantheorie den gefährlicheren, mit größerer krimineller Energie ausgestatteten Täter privilegiert.

Lektion 7: Rücktritt, § 24: Außertatbestandliche Zielerreichung / Aufgeben der Tat

Ist der Rücktritt vom (unbeendeten) Versuch auch dann noch möglich, wenn der Täter sein eigentliches, außertatbestandliches Ziel erreicht hat, obwohl der tatbestandliche Erfolg noch nicht eingetreten ist?

Bsp.: T will O einen Denkzettel verpassen, da dieser ihm die Freundin ausgespannt hat. Er lauert dem O auf und sticht ihm – den Tod in Kauf nehmend – mit dem Messer in den Bauch. Als er sieht, dass O um Gnade flehend noch lebt, lässt er von weiteren Stichen ab mit den Worten „Und das lass Dir eine Lehre sein!". O kann gerettet werden. Strafbarkeit des T?

Welche Anforderungen werden an das Aufgeben der Tat gesetzt?

Bsp.: T stürzt in einem Park auf die Oma O zu, um sie zu berauben. O erzählt dem T, sie hätte kaum Bargeld dabei, der Raub würde sich für den T daher nicht lohnen. Wenn er sie stattdessen am nächsten Tag in ihrer Wohnung besuche, könne man über alles reden. T sieht daher von dem geplanten Raub ab, nimmt sich jedoch vor, die O am nächsten Tag in ihrer Wohnung zu berauben. Strafbarkeit des T?

Literatur: *Lackner/Kühl*, 28. Auflage, § 24 Rn. 12; *Heinrich*, StrafR AT, 4. Aufl., § 24 V.

Rücktritt, § 24: Außertatbestandliche Ziele / Aufgeben der Tat

Im Rahmen der sog. **Denkzettelfälle**, bei denen der Täter sein eigentliches **außertatbestandliches Ziel** erreicht hat, obwohl der tatbestandliche Erfolg noch nicht eingetreten ist, ist umstritten, ob der Täter durch Nichtweiterhandeln noch strafbefreiend vom unbeendeten Versuch zurücktreten kann. Nach Teilen d. **Lit**. ist ein Rücktritt durch Nichtweiterhandeln unmöglich. Derjenige, der sein eigentliches Handlungsziel erreicht hat, hat nichts mehr aufzugeben – ein Weiterhandeln wäre für ihn sinnlos. Zudem liege kein „Aufgeben" iSd. § 24 I 1 vor, da der Vorsatz mit Zielerreichung erloschen sei u. kein Rücktrittsentschluss gefasst wurde. Danach reichte ein Nichtweiterhandeln durch T nicht aus, um zurückzutreten. Der **Große Senat des BGH** (BGH 39, 221 – aktuell s. auch BGH, NStZ 2011, 90; 2014, 450) vertritt demgegenüber die Meinung, ein Rücktritt durch Nichtweiterhandeln sei in den Denkzettelfällen durchaus möglich. Auf außertatbestandliche Ziele, Absichten oder Beweggründe komme es demnach nicht an. „Tat" iSd. § 24 I 1 ist nur die tatbestandsmäßige Handlung unter Einschluss des tatbestandsmäßigen Erfolges. „Aufgeben" muss daher der Täter nur das, was im gesetzlichen Tatbestand umschrieben ist. Dem BGH ist zugute zu halten, dass seine Ansicht das Opfer eher zu schützen imstande ist, da sie dem Täter den Rücktritt erleichtert. Dem BGH ist daher der Vorzug zu geben.

T könnte vom versuchten Raub strafbefreiend zurückgetreten sein. Dann müsste er die weitere Ausführung der Tat freiwillig aufgegeben haben. Fraglich ist, welche Anforderungen an dieses Merkmal zu stellen sind. Der **BGH** forderte früher, dass der Täter seinen kriminellen Entschluss **„im Ganzen und endgültig" aufgebe**, verlangte also die Aufgabe des gesamten Tatplans. Im Bsp. läge danach kein Aufgeben der Tat vor. Nach der **Gegenansicht** soll bereits das **Abstandnehmen von der konkreten Ausführungshandlung** strafbefreiend wirken. Danach wäre T zurückgetreten. Gegen die frühere Auffassung des BGH spricht, dass das Merkmal „Tat" iSv. § 24 nur als Straftat im Sinne eines materiellrechtlichen Straftatbestandes und nicht eines „gesamten Tatplans" zu verstehen ist. Der Gegenansicht ist entgegenzuhalten, dass der Täter nicht wirklich zur Legalität zurückkehrt. Es ist daher einer **vermittelnden Ansicht** der Vorzug zu geben, die sich zwar mit dem Abstandnehmen von der konkreten Tat genügt, ein Aufgeben der Tat jedoch verneint, wenn sich der Täter weitere Ausführungsakte vorbehält, die im Fall ihrer Realisierung nur unselbständige Teilakte der zuvor begonnenen Straftat bilden würden, mithin einen einheitlichen Lebensvorgang darstellen. Dies muss vorliegend jedoch abgelehnt werden. Für T ist ein Rücktritt daher möglich.

Lektion 7: Rücktritt, § 24: Tatverhinderung

Welche Anforderungen sind an die Tatverhinderung in § 24 I 1 Alt. 2 zu stellen?

Bsp.: T fügt dem M eine erhebliche Schussverletzung zu. Danach reut es ihn, er ruft per Telefon einen Krankenwagen, verlässt jedoch sogleich den Tatort. M kann gerettet werden. Ist T wirksam zurückgetreten?

Welche Anforderungen sind an das ernsthafte Verhinderungsbemühen in § 24 I 2 zu stellen?

Literatur: *Lackner/Kühl*, 28. Auflage, § 24 Rn. 3ff; *Heinrich*, StrafR AT, 4. Aufl., § 24 III 1 b), c); *Jäger*, StrafR AT, 7. Aufl., Rn. 320; *Wessels/Beulke/Satzger*, StrafR AT, 45. Aufl., Rn. 906ff.

Rücktritt, § 24: Tatverhinderung

Die Frage, welche Anforderungen an die Tatverhinderung in § 24 I 1 Alt. 2 zu stellen sind, ist umstritten. Nach der **Bestleistungstheorie** muss der Täter das Beste leisten, was er imstande ist, um die Tat zu verhindern. Diese Ansicht zieht den Vergleich zu § 24 I 2: Wenn danach bei einem untauglichen Versuch ein möglicher Rücktritt erst bei ernsthaften, also bestmöglichen Bemühen um Rettung möglich ist, muss dies erst recht bei einem tatsächlich gefährlichen beendeten Versuch verlangt werden. Danach hätte T im vorliegenden Fall am Tatort bleiben und gegebenenfalls eigene Rettungsmaßnahmen einleiten müssen. T ist nicht wirksam zurückgetreten. Die **Differenzierungstheorie** unterscheidet nach Eigen- und Fremdhändigkeit. Bewirkt der Täter selbst die Vollendungsverhinderung, muss ihm – neben der Verursachung – das Ausbleiben des Erfolgs als eigenes Werk obj. zurechenbar sein. Hat der Täter Dritte zur Rettung eingeschaltet, muss er die Rettung quasi als Anstifter initiiert oder mit Tatherrschaft gesteuert haben. T hat vorliegend den Krankenwagen gerufen und sich folglich Dritter bedient. Zwar liegt keine Steuerung durch Tatherrschaft vor, doch stellt der Anruf zumindest das Hervorrufen des Entschlusses zur Tatverhinderung bei den rettenden Ärzten dar. T ist somit zurückgetreten. Nach der **h.L.** muss der Täter objektiv **irgendeine Ursache gesetzt** haben, aufgrund derer die Tatvollendung ausgeblieben ist. Dies ist bei T der Fall. Subjektiv ist zu fordern, dass der Täter den **Vollendungsvorsatz vollständig aufgegeben** hat, die gewählte Rettungsmöglichkeit muss aus seiner Sicht geeignet ist und die **Freiwilligkeit** der Motivation vorliegen. Auch bzgl. dieses subjektiven Elements existieren bei T keine Bedenken. Folgt man der h.L., ist T zurückgetreten. Eine Bestleistung des Täters zu fordern, würde nicht der dogmatischen Begründung des Rücktritts entsprechen. Andererseits darf die Vollendung oder Nichtvollendung auch nicht bloß vom Zufall abhängen. Die Ansicht der h.L. erscheint daher sachgerecht.

Die Wortgruppe „ernsthaft bemüht“ im Gesetz macht deutlich, dass im Fall des § 24 I 2 anders als im Fall des Verhinderns (§ 24 I 1 Alt. 2) eine **Bestleistung des Täters zu fordern** ist. Zudem fehlt es beim Verhinderungsbemühen gerade an einem vom Täter zurechenbar bewirkten Erfolgswert, weshalb im Ausgleich ein erhöhter Handlungswert zu fordern ist. Der Täter darf dort dem Zufall keinen Raum lassen, wo er ihn vermeiden kann.

Lektion 7: Rücktritt, § 24: Abs. 1 S. 2 / Freiwilligkeit

Skizzieren Sie den Anwendungsbereich von § 24 I 2!

Was bedeutet „Freiwilligkeit“ iSd. § 24 StGB?

Bsp.: A würgt B, um ihn umzubringen. Plötzlich hat er den Eindruck, dass er von Zeugen beobachtet wird. Er lässt daher von B ab. Rücktritt des A?

Literatur: *Lackner/Kühl*, 28. Auflage, § 24 Rn. 21; *Heinrich*, StrafR AT, 4. Aufl., § 24 III 1;
Kühl, Strafrecht AT, 7. Aufl., § 16 Rn. 52ff.

Rücktritt, § 24: Abs. 1 S. 2 / Freiwilligkeit

„…wenn er sich freiwillig und ernsthaft bemüht, die Vollendung zu verhindern“:

Rücktritt vom untauglichen Versuch	**Rücktritt bei fehlender Verhinderungskausalität**	**Rücktritt bei dem Täter nicht anzulastendem Erfolgseintritt**
Bsp: T will den auf der Straße liegenden Bettler B überfahren. B ist jedoch schon an einer Alkoholvergiftung gestorben.	*Bsp:* T mischt am Morgen, bevor er aus dem Haus geht, seiner noch schlafenden Frau F Gift in die Müsli-Milch. Wenig später reut es ihn und er informiert seine Frau telefonisch über seine Tat. Zu dieser Zeit hatte F die Milch jedoch schon versehentlich verschüttet.	*Bsp:* T gibt O ein tödl. wirkendes Gift. Kurz darauf reut es ihn und er gibt ihm das Gegengift. Bevor dieses zu wirken beginnt, wird O vom Unbekannten P erschossen. (der Erfolg tritt zwar ein, jedoch sowohl Kausalität (-), als auch obj. Zur.)

Dem Täter wird Strafbefreiung nur gewährt, wenn er „freiwillig“ zurücktritt. Fraglich ist, wann eine solche Freiwilligkeit gegeben ist. Nach der früher vertretenen **Frank'schen Formel** tritt freiwillig zurück, wer denkt: „Ich will nicht zum Ziel kommen, obwohl ich könnte.“ Unfreiwillig tritt dagegen zurück, wer denkt: „Ich kann nicht zum Ziel kommen, selbst wenn ich wollte.“ Im Beispielsfall geht A davon aus, dass er von Zeugen beobachtet wird. Er würde ansonsten den B weiter würgen. Freiwilligkeit muss daher verneint werden. Heute wird die Freiwilligkeit anhand der Unterscheidung zwischen **autonomen und heteronomen Motiven** vorgenommen. Danach ist der Rücktritt freiwillig, der auf autonomen, d.h. situationsunabhängigen Motiven beruht (Rspr.: Täter muss „Herr seiner Entschlüsse sein“). Bsp.: Gewissensbisse, Reue, Scham, Mitleid mit dem Opfer. Unfreiwillig ist er hingegen, wenn er auf heteronomen, d.h. außerhalb des Täterwillens liegenden Gründen beruht (Rspr.: „ein zwingender Grund für den Täter“). Im Beispielsfall ist die vermutete Zeugenbeobachtung ein zwingender Grund für den Täter, von seinem Opfer abzulassen. Sein Rücktritt ist daher durch heteronome Motive geprägt und mithin unfreiwillig.

Lektion 7: Rücktritt, § 24: Rücktritt mehrerer Beteiligter

Skizzieren Sie das Prüfungsschema des Rücktritts für mehrere Beteiligte (§ 24 II StGB)!

Literatur: *Lackner/Kühl*, 28. Auflage, § 24 Rn. 25ff; *Heinrich*, StrafR AT, 4. Aufl., § 24 III 2.

Rücktritt, § 24: Rücktritt mehrerer Beteiligter

Nichtvollendung der Tat? Fehlende obj. Zur. des Erfolges?	(-)	⇨	kein Rücktritt möglich
(+) ⇩			
Tatbestandsverwirklichung ohne zeitliche Zäsur tatsächlich realisierbar?	(-)	⇨	fehlgeschlagener Versuch = Rücktritt (-)
(+) ⇩			

Keine Unterscheidung zwischen beendetem und unbeendetem Versuch!

Besondere Rücktrittsvoraussetzungen

§ 24 II 1 **Verhinderung der Tatvollendung**	§ 24 II 2 1. Alt. **Rücktritt bei dem Täter nicht anzulastendem Erfolgseintritt** *Bsp. siehe KK 42*	§ 24 II 2 2. Alt. **Rücktritt bei fehlender Verhinderungskausalität** *Bsp. siehe KK 42*
⇨ Verhinderung der Tatvollendung	⇨ Ernsthaftes Bemühen um Nichtvollendung	⇨ Ernsthaftes Bemühen um Nichtvollendung; Rücknahme des Tatbeitrages
⇨ Freiwilligkeit ⇨ auch durch Unterlassen	⇨ Freiwilligkeit	⇨ Freiwilligkeit

Lektion 8: Unterlassungsdelikt: echtes Unterlassungsdelikt

Skizzieren Sie den Aufbau eines vorsätzlichen echten Unterlassungsdelikts!

Literatur: *Lackner/Kühl*, 28. Auflage, § 13 Rn. 2ff; *Heinrich*, StrafR AT, 4. Aufl., § 26; *Kühl*, Strafrecht AT, 7. Aufl., § 18f.

Unterlassungsdelikt: echtes Unterlassungsdelikt

0. Vorprüfung

1. Tun oder Unterlassen?
2. Handlungsqualität des Unterlassens

I. Tatbestandsmäßigkeit

1. Objektiver Tatbestand
   a) tatbestandsmäßige Situation + sonstige objektive Tatbestandsmerkmale, die eine Handlungspflicht begründen (zB Unglückfall + Erforderlichkeit und Zumutbarkeit der Hilfeleistung bei § 323c)
   b) Nichtvornahme der gebotenen Handlung trotz physisch-realer Möglichkeit zur Vornahme dieser Handlung
2. Subjektiver Tatbestand
   a) Tatbestandsvorsatz
   b) sonstige subjektive Tatbestandsmerkmale
3. Tatbestandsannex (wie Begehungsdelikt)

II. Rechtswidrigkeit (wie Begehungsdelikt)

insb. rechtfertigende Pflichtenkollision

III. Schuld

1. Allg. Schuldausschlussgründe - Entschuldigungsgründe
2. Bes. Schuldausschlussgründe, insb. Unzumutbarkeit normgemäßen Verhaltens

Lektion 8: Unterlassungsdelikt: unechtes Unterlassungsdelikt

Skizzieren Sie den Aufbau eines vorsätzlichen unechten Unterlassungsdelikts!

Literatur: *Lackner/Kühl*, 28. Auflage, § 13 Rn. 4; *Heinrich*, StrafR AT, 4. Aufl., § 26.

Unterlassungsdelikt: unechtes Unterlassungsdelikt

0. Vorprüfung (siehe echtes Unterlassungsdelikt)

I. Tatbestandsmäßigkeit

1. Objektiver Tatbestand
   a. Erfolgselement (falls Erfolgsdelikt): Eintritt d. tatbestandsmäßigen Erfolgs
   b. Nichtvornahme einer geeigneten/erforderlichen Rettungshdl. trotz physisch-realer Möglichkeit
   c. Garantenstellung
      - Zwei-Funktionenlehre aufgrund § 13
      - ggf. best. Tatbestand, zB § 221 I Nr. 2, 225 I Alt. 3
   d. Objektive Erfolgszurechnung
      - Quasikausalität (umgekehrte conditio-Formel)
      - Objektive Zurechnung, insb. Pflichtwidrigkeitszusammenhang
   e. Gleichwertigkeit iSd Modalitätenäquivalenz (bei verhaltensbezogenen Tatbeständen)
2. Subjektiver Tatbestand
   a. Vorsatz, insb. bzgl. Garantenstelllung
   b) sonstige subjektive Tatbestandsmerkmale
3. Tatbestandsannex (wie Begehungsdelikt)

II. Rechtswidrigkeit/Schuld (wie Begehungsdelikt)
insb. rechtfertigende Pflichtenkollision

III. Schuld

1. Allg. Schuldausschlussgründe - Entschuldigungsgründe
2. Bes. Schuldausschlussgründe, insb. Unzumutbarkeit normgemäßen Verhaltens + Irrtum über Garantenpflicht (als Ver- / Gebotsirrtum - § 17 StGB)

Lektion 8: Unterlassungsdelikt: Abgrenzung / Tun und Unterlassen

Was ist der Unterschied zwischen echten und unechten Unterlassungsdelikten?

Wie ist das Tun vom Unterlassen bei mehrdeutigen Verhaltensweisen abzugrenzen?

Bsp.: A betreibt eine Fabrik zur Herstellung von Pinseln. Zur Herstellung überlässt er seinen Arbeitern aus dem Ausland bezogene Ziegenhaare. Diese hat er jedoch – entgegen seiner gesetzlichen Pflicht – nicht desinfizieren lassen. Wenig später sterben mehrere Mitarbeiter an Milzbrand. Es stellte sich heraus, dass die Ziegenhaare verseucht waren. Stellt das Handeln des A ein Tun oder Unterlassen dar?

Literatur: *Lackner/Kühl*, 28. Auflage, § 13 Rn. 6; *Heinrich*, StrafR AT, 4. Aufl., § 25 II.

Unterlassungsdelikt: Abgrenzung / Tun und Unterlassen

Echte Unterlassungsdelikte sind Straftaten, die sich in dem Verstoß gegen eine **Gebotsnorm** und im bloßen Unterlassen einer vom Gesetz geforderten Tätigkeit erschöpfen. Bsp.: Unterlassene Hilfeleistung (§ 323c), Nichtanzeige von Verbrechen (§ 138), Sich-nicht-Entfernen beim Hausfriedensbruch (§ 123 I 2. Alt.). **Unechte Unterlassungsdelikte** sind hingegen Straftaten, bei denen der Unterlassende als **Garant** zur Erfolgsabwendung verpflichtet ist und bei denen das Unterlassen wertungsmäßig der Verwirklichung des gesetzlichen Tatbestandes durch ein aktives Tun entspricht (§ 13). Die unechten Unterlassungsdelikte kann man daher auch als **Spiegelbild der Begehungsdelikte** bezeichnen. Jedes Erfolgsdelikt kann durch Unterlassen (als unechtes Unterlassungsdelikt) verwirklicht werden, wobei jedoch die Voraussetzungen des § 13 vorliegen müssen.

In vielen Fällen ist die Abgrenzung von Tun und Unterlassen eindeutig: Hat der Täter einen Kausalverlauf durch aktives Tun in Gang gesetzt, liegt ein Tun vor. Bleibt er passiv, ist ein Unterlassen gegeben. Umstritten ist die Abgrenzung jedoch bei mehrdeutigen Verhaltensweisen. Die **Lehre vom Energieeinsatz** sieht in einem Tun das Aufwenden von Energie in eine bestimmte Richtung, ein Unterlassen besteht demnach im Nichtaufwenden von Energie. Eine **Gegenansicht** sieht sowohl ein Delikt durch aktives Tun als auch ein Delikt durch Unterlassen als erfüllt an und löst das Problem auf der **Konkurrenzebene**. Beide Theorien erweisen sich jedoch gerade bei mehrdeutigen Delikten als untauglich. Gefolgt werden sollte der **Schwerpunktformel**, nach der nach **normativen Gesichtspunkten** auf den Schwerpunkt der strafrechtlichen Vorwerfbarkeit abzustellen ist. Kritiker werfen dieser Formel zwar einen Gang in die Rechtsunsicherheit vor. Sie erfordert jedoch eine wertende Einzelfallbetrachtung, die letztendlich zu gerechteren Ergebnissen führt.
Im oben beschriebenen „Ziegenhaarfall“ (RGSt 63, 211) stellt den Schwerpunkt der Vorwerfbarkeit die sorgfaltswidrige Übergabe der Haare dar. Dies ist ein aktives Tun. Das Unterlassensmoment liegt in der vorherigen fehlenden Desinfektion. Dieses betrifft hier jedoch nur die Sorgfaltswidrigkeit des Handelns. A könnte daher nur wegen eines Delikts aus aktivem Tun strafbar sein.

Lektion 8: Unterlassungsdelikt: Rettungshandlung/ Tatbestand

Wie ist der Abbruch eigener Rettungsbemühungen einzuordnen?

Bsp. 1: Nichtschwimmer N droht zu ertrinken und ruft im Wasser um Hilfe. A bemerkt dies, nimmt sich einen mit einem Seil versehenen Rettungsring, wirft diesen in Richtung des N und beginnt, N aus dem Wasser zu ziehen. Bald erkennt er jedoch, dass es sich bei N um seinen Intimfeind handelt. Er entreißt diesem daher wieder den Rettungsring und lässt ihn ertrinken. Tun oder Unterlassen?

Bsp. 2: Wie oben. A bemerkt jedoch schon vor Ergreifen des Rettungsrings durch N, dass dieser sein Intimfeind ist und zieht den Rettungsring einfach wieder zurück. Tun oder Unterlassen?

Wie ist die Einstellung lebenserhaltender medizinischer Maßnahmen einzuordnen?

Bsp.: Der behandelnde Arzt A schaltet bei dem bereits im Sterben liegenden Komapatienten B die Apparaturen aus. Tun oder Unterlassen?

Wann ist der Pflichtwidrigkeitszusammenhang gegeben und wann kommt der Entsprechungsklausel nach § 13 I 2. HS. eine eigenständige Bedeutung zu?

Was ist unter dem Prüfungspunkt der „Quasikausalität" zu verstehen?

Literatur: *Lackner/Kühl*, 28. Auflage, § 13 Rn. 6ff; *Heinrich*, StrafR AT, 4. Aufl. § 25 II Rn. 870ff.

Unterlassungsdelikt: Rettungshandlung / Tatbestand

Erfolgt der Abbruch eigener Rettungshandlungen, **bevor** die Rettungshandlung das gefährdete Objekt erreicht und ihm eine realisierbare Rettungsmöglichkeit eröffnet hat, liegt ein **Unterlassen** vor (siehe Bsp. 2). Geschieht dies, **nachdem** die Rettungshandlung das gefährdete Objekt erreicht und ihm eine realisierbare Rettungsmöglichkeit eröffnet hat, handelt es sich um ein **Begehungsdelikt** (siehe Bsp. 1).

Im Beispielsfall könnte A die gebotene Rettungshandlung unterlassen, andererseits aber auch eine Handlung (das Abschalten der Apparaturen) vorgenommen haben. Folgt man der **Schwerpunkttheorie**, bei der gefragt wird, wo bei normativer Betrachtung der Schwerpunkt des strafrechtlich relevanten Handelns liegt, stellt das Abschalten der Apparaturen ein Unterlassen dar. Die *Testfrage* lautet: Würde jemand an einer Unterlassungstäterschaft zweifeln, wenn der Arzt dem im Sterben liegenden Patienten lebensnotwendige Infusionen nicht mehr verabreicht? Die Antwort lautet: nein. Demnach darf aber auch für das Abschalten der Apparaturen nichts anderes gelten. Die Apparaturen stellen lediglich den **verlängerten Arm des Arztes** zur Behandlung dar. Nähme jedoch ein Dritter das Abschalten der Apparaturen vor, wäre ein positives Tun gegeben. Der Dritte unterbricht dann aktiv einen rettenden Kausalverlauf.

Der Pflichtwidrigkeitszusammenhang liegt vor, wenn die Rettungshandlung **mit an Sicherheit grenzender Wahrscheinlichkeit** zur Erhaltung des gefährdeten Rechtsguts geführt hätte.
Eine eigenständige Bedeutung kommt der Entsprechungsklausel des § 13 I 2. HS **nur im Rahmen der verhaltensgebundenen Delikte** zu. Dies sind solche, die nicht allein auf die Erfolgsverursachung abstellen, sondern darüber hinaus eine bestimmte Verhaltensweise erfordern, die zu dieser Erfolgsverursachung führt. Bei diesen Delikten ist also explizit klarzustellen, dass der Unwertgehalt des Unterlassens dem des Begehungsdelikts gleichsteht (Täuschen bei § 263; Nötigen bei § 240; Verdächtigen bei § 164).

Die Kausalität des Unterlassens kann mit der Äquivalenztheorie, wie sie innerhalb der Begehungsdelikte angewandt wird, nicht ermittelt werden. Die h.M. wendet daher eine **Modifizierung der Äquivalenztheorie** (KK 2) an. Danach ist ein Unterlassen für den tatbestandlichen Erfolg dann kausal, wenn die unterlassene Handlung nicht **hinzugedacht** werden kann, ohne dass der Erfolg in seiner konkreten Gestalt entfiele.

Lektion 8: Unterlassungsdelikt: Garantenstellung

Skizzieren Sie den Unterschied zwischen einem Überwacher- und einem Beschützergaranten und nennen Sie die dazugehörigen Fallgruppen!

Wie wirkt sich ein Irrtum über das tatsächliche Vorliegen der Voraussetzungen einer Garantenpflicht aus?
Wie wirkt sich ein Irrtum über das Bestehen oder die Grenzen einer Garantenpflicht aus?

Literatur: *Lackner/Kühl*, 28. Auflage, § 13 Rn. 6ff; *Heinrich*, StrafR AT, 4. Aufl., § 27; *Kindhäuser*, StrafR AT, 7. Aufl., § 36 II 4.

Unterlassungsdelikt: Garantenstellung

	Überwachergarant	**Beschützergarant**
Situation	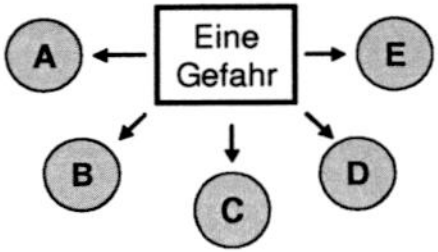	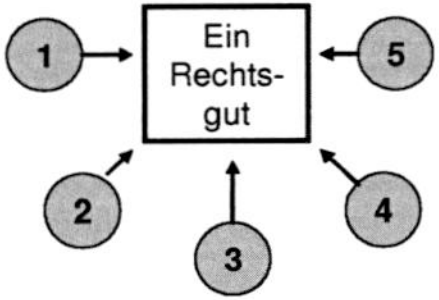
	Unbestimmt viele Rechtsgüter (A-E) sind von einer Gefahr bedroht.	Unbestimmt viele Gefahren (1-5) drohen einem Rechtsgut.
Merkfall	Die Umwelt wird vor einer gefährlichen Anlage oder einem Tier geschützt.	Ein Baby wird vor der Umwelt geschützt.
Fallgruppen	⇨ Überwachung von Gefahrenquellen ⇨ Beaufsichtigung anderer ⇨ Vorangegangenes gefährdendes Tun – Ingerenz Ⓟ Rechtmäßiges Vorverhalten	⇨ Natürliche Verbundenheit mit dem Träger des Rechtsgutes ⇨ Enge Gemeinschaftsbeziehungen Ⓟ Ehegatten leben getrennt Ⓟ Geschwister? (-) ab 18 ⇨ Freiwillige Übernahme ⇨ Organe u. Amtsträger

Ein Irrtum über das tatsächliche Vorliegen der Voraussetzungen einer Garantenpflicht stellt einen **Tatbestandsirrtum iSd. § 16 I 1** dar. Ein Irrtum über das Bestehen oder die Grenzen einer Garantenpflicht wird hingegen als Verbotsirrtum in Form **des Gebotsirrtums gem. § 17** behandelt.

Lektion 8: Unterlassungsdelikt: Unzum. normgem. Verhaltens / Versuch / Irrtum

In welcher Situation muss sich der Täter befinden, damit von einer Unzumutbarkeit normgemäßen Verhaltens gesprochen werden kann und wo ist die Unzumutbarkeit normgemäßen Verhaltens dogmatisch einzuordnen?

Wann ist das unmittelbare Ansetzen zum Versuch beim unechten Unterlassungsdelikt gegeben?

Bsp.: A und seine Freundin B unternehmen eine Wattwanderung. Als sie an einigen großen Steinbrocken Rast machen, rutscht die B aus und fällt unglücklich so mit dem Kopf auf einen der Steine, dass sie bewusstlos wird. A erkennt seine Gelegenheit und verschwindet, um sich fortan intensiver seiner Geliebten widmen zu können. Er weiß, dass in 3 Stunden die Flut einsetzen und die B ertrinken wird. Auf halbem Wege reut es ihn jedoch und er kehrt gerade noch rechtzeitig zurück, um B zu retten. Das Wasser war zu diesem Zeitpunkt bereits knietief. Hat A zum Totschlag durch Unterlassen unmittelbar angesetzt?

Literatur: *Lackner/Kühl*, 28. Auflage, § 22 Rn. 17; *Heinrich*, StrafR AT, 4. Aufl., § 26 Rn. 904, 916, § 23 II 5; *Wessels/Beulke/Satzger,* StrafR AT, 45. Aufl., Rn. 1042ff.

Unterlassungsdelikt: Unzum. normgem. Verhaltens / Versuch / Irrtum

Bei der Unzumutbarkeit normgemäßen Verhaltens befindet sich der Täter in einer **notstandsähnlichen Konfliktsituation**. In dieser Situation kommen jedoch weder § 34 noch § 35 in Betracht. Die Zumutbarkeit entfällt z.B. typischerweise, wenn der Täter durch die Vornahme der Rettungshandlung die Gefahr strafrechtlicher Verfolgung für sich selbst oder eine ihm nahe stehende Person hervorrufen würde. Die Gefahr der berechtigten Strafverfolgung führt jedoch idR. nicht zur Unzumutbarkeit der Garantenpflichterfüllung. Auf welcher Wertungsstufe der Unzumutbarkeit normgemäßen Verhaltens Rechnung zu tragen ist, ist umstritten. Die **Rspr**. sieht die Unzumutbarkeit normgemäßen Verhaltens als allgemeines Prinzip der Begrenzung der Garantenpflicht an und prüft sie somit im **objektiven Tatbestand**. Die Begründung dafür liefert der Vergleich mit den echten Unterlassungsdelikten (wie z.B. § 323c), bei denen die Unzumutbarkeit ein objektives Tatbestandsmerkmal darstellt. Dagegen ist jedoch einzuwenden, dass das Gesetz in § 13 den Garanten dem Begehungstäter gleichstellt. Eine Prüfung der Unzumutbarkeit im Rahmen des objektiven Tatbestands des Begehungsdelikts ist jedoch nicht vorgesehen. Aus diesem Grund wird in der **Literatur** zu Recht die Unzumutbarkeit normgemäßen Verhaltens als **Entschuldigungsgrund** angesehen.

Beim Unterlassen ist es umstritten, wann das unm. Ansetzen vorliegt. Nach der **Theorie des erstmöglichen Zugriffs** hat der Täter zum Versuch des Unterlassens unmittelbar angesetzt, wenn er nach seiner Vorstellung die erste Möglichkeit verstreichen lässt, den Erfolg abzuwenden. Danach hätte A im Beispielsfall bereits unmittelbar angesetzt. Dem gegenüber steht die **Theorie des letztmöglichen Eingriffs**. Danach hat der Täter dann unmittelbar angesetzt, wenn er nach seiner Vorstellung der Tat die Rettungshandlung spätestens hätte vornehmen müssen. Danach hat A noch nicht unmittelbar angesetzt, da nach seiner Vorstellung die 3 Stunden noch nicht verstrichen waren. Beide Ansichten können jedoch nicht überzeugen. Die erste Ansicht verlagert die Strafbarkeit zu weit nach vorne und führt zur Gefahr des Gesinnungsstrafrechts. Die zweite Ansicht missachtet, dass der Täter bereits mehrere Rettungsmöglichkeiten ungenutzt gelassen hat, was die Gefahr für das Rechtsgut deutlich erhöht. Sachgerecht ist daher die Lösung der **h.M.,** die auf den Zeitpunkt abstellt, in dem der **Eintritt des Erfolges nahe gerückt** ist. Das ist dann gegeben, wenn eine unmittelbare Gefahr für das Rechtsgut entsteht. Das Wasser war bereits knietief. Leib und Leben der B waren daher unmittelbar gefährdet. A hat mithin unmittelbar angesetzt.

Lektion 9: Fahrlässigkeit: Aufbau

Skizzieren Sie den Aufbau eines fahrlässigen Begehungsdelikts!

Literatur: *Lackner/Kühl*, 28. Auflage, § 15 Rn. 35ff; *Heinrich*, StrafR AT, 4. Aufl., § 28 IV; *Kühl*, Strafrecht AT, 7. Aufl., § 17 Rn. 11ff.

Fahrlässigkeit: Aufbau

I. Tatbestandsmäßigkeit

1. Geschriebene Merkmale des betreffenden TB (z.B. § 222)
   Erfolgseintritt durch willensgetragenes Verhalten (⇨ strafrechtliche Handlungslehre), Kausalität
2. Ungeschriebene Merkmale (= spez. Vorauss. der Fahrlk.)
   a. Objektive *Sorgfaltspflichtverletzung*
   - Beschreibung der Sorgfaltsnorm (diff. Maßfigur)
   - Verletzung

   b. Objektive *Zurechnung i.e.S.*
   - Objektive Voraussehbarkeit (Sonderwissen!)
   - Pflichtwidrigkeitszusammenhang / Vermeidbarkeit der Erfolgsherbeiführung
   - Schutzzweckzusammenhang

   c. Sonstige Zurechnungsvoraussetzungen

II. Rechtswidrigkeit/Schuld

§§ 32, 34, Einwilligung

III. Schuld (persönliche Vorwerfbarkeit)

1. *Allgemeine* Schuldmerkmale
2. *Besondere* Schuldmerkmale
   a. Subjektive *Voraussehbarkeit / Erkennbarkeit* des Erfolgs
   b. Individuelle Fähigkeit zur *Erfolgsvermeidung*
   c. *Zumutbarkeit* normgemäßen Verhaltens (ggf. § 35)

Lektion 9: Fahrlässigkeit: Formen / Tatbestand

Zwischen welchen beiden Formen der Fahrlässigkeit unterscheiden Rspr. und Lehre?

Was ist „Leichtfertigkeit“?

Wann ist etwas „objektiv vorhersehbar“?

Woraus ergibt sich der Inhalt der Sorgfaltspflicht?

Woraus ergeben sich Art und Maß der anzuwendenden Sorgfalt?

Ist der Versuch eines fahrlässigen Delikts möglich?

Literatur: *Lackner/Kühl*, 28. Auflage, § 15 Rn. 37; *Heinrich*, StrafR AT, 4. Aufl., § 28 IV, V.

Fahrlässigkeit: Formen / Tatbestand

Rspr. und Lehre unterscheiden zwischen **unbewusster und bewusster Fahrlässigkeit**. Diese Unterscheidung ist nur bedeutsam für die Strafzumessung. **Unbewusst** fahrlässig handelt, wer bei einem bestimmten Tun oder Unterlassen die gebotene Sorgfalt außer Acht lässt und infolgedessen den gesetzlichen Tatbestand verwirklicht, **ohne dies zu erkennen**. **Bewusst** fahrlässig handelt hingegen, wer es für **möglich** hält, dass er den gesetzlichen Tatbestand verwirklicht, jedoch pflichtwidrig darauf **vertraut, dass er ihn nicht verwirklichen werde**. Im Zusammenhang mit bewusster Fahrlässigkeit ist vor allem die **Abgrenzung zum dolus eventualis problematisch** (siehe KK 7).

Einige Vorschriften, wie z.B. §§ 306c oder 251, verlangen ein leichtfertiges Handeln. Dieses ist gegeben, wenn der Täter die gebotene Sorgfalt in **ungewöhnlich hohem Maße** verletzt.

Objektiv vorhersehbar ist ein Geschehen, was ein umsichtig handelnder Mensch aus dem Verkehrskreis des Täters unter d. jeweils gegebenen Umständen aufgrund der allg. Lebenserfahrung in Rechnung stellen würde.

Um den **Inhalt der Sorgfaltspflicht** festzustellen, empfiehlt sich ein **Zweischritt**: Zunächst ist zu untersuchen, ob spezielle **Rechtsvorschriften** existieren, die den Inhalt der Sorgfaltspflicht bestimmen. Zu diesen gehören z.B. Normen innerhalb des StVG und der StVO, Dienstanordnungen und DIN sowie anerkannte Verhaltensmaßregeln wie Sportregeln und Regeln der ärztlichen Kunst. Existieren solche Normen nicht, muss im nächsten Schritt eine **Abwägung der Schadenswahrscheinlichkeit und Schadensintensität** vorgenommen werden.

Art und Maß der anzuwendenden Sorgfalt ergeben sich daraus, was von einem **besonnenen und gewissenhaften Menschen** in der konkreten Lage und der sozialen Rolle zu fordern ist (a.A. individuelles Leistungsvermögen). Die dafür vorzunehmende Betrachtung der Gefahrenlage wird dabei *ex ante* vorgenommen. Eventuelles *Sonderwissen* muss der Täter dabei gegen sich gelten lassen.

Der Versuch eines fahrlässigen Delikts ist **nicht möglich**, da es keinen Tatentschluss iSd. § 22 geben kann.

Lektion 10: Beteiligungslehre: Täterschaft und Teilnahme

Welches Beteiligungssystem liegt dem deutschen Strafrecht zugrunde?

Wie sind Täterschaft und Teilnahme voneinander abzugrenzen?

Bsp.: A und B wollen einen Bankraub begehen. Beide haben großes Interesse an der Tat, da die Beute zur Hälfte zwischen ihnen aufgeteilt werden soll. Der Plan sieht vor, dass B die Waffe besorgen und im gemeinsamen Versteck auf A warten soll. A soll den Raub ausführen. So geschieht es auch. Täterschaft bzw. Teilnahme von A und B?

Literatur: *Lackner/Kühl*, 28. Auflage, Vor § 25 Rn. 1ff; *Heinrich*, StrafR AT, 4. Aufl., § 33 I-III; *Kühl*, Strafrecht AT, 7. Aufl., § 20.

Beteiligungslehre: Täterschaft und Teilnahme

Dem deutschen Strafrecht liegt das **dualistische Beteiligungssystem** zugrunde. Es unterscheidet bei der Beteiligung mehrerer Personen an einer Straftat zwischen **Täterschaft und Teilnahme**. Als **Täter** wird bestraft, wer die Straftat selbst (unmittelbare Täterschaft) oder durch einen anderen (mittelbare Täterschaft) begeht, § 25 I. Liegt hingegen eine gemeinschaftliche Begehung der Straftat vor, wird jeder Täter als Mittäter bestraft, § 25 II. **Teilnehmer** ist hingegen, wer einen anderen zu dessen vorsätzlich begangener Tat rechtswidrig bestimmt (Anstiftung gem. § 26) oder ihm zu einer solchen Tat vorsätzlich Hilfe leistet (Beihilfe gem. § 27). Im Gegensatz zum Strafrecht gilt im Bereich des **Ordnungswidrigkeitenrechts das Einheitstäterprinzip** (vgl. § 14 OWiG). Danach ist jeder als Täter anzusehen, der einen ursächlichen Tatbeitrag geleistet hat.

Die Abgrenzung von Täterschaft und Teilnahme ist umstritten. Früher wurde dazu die **formal-objektive Theorie** vertreten. Nach dieser kann nur Täter sein, wer die tatbestandsmäßige Handlung zumindest teilweise selbst ausführt. Diese Theorie ist jedoch heute nicht mehr haltbar, da die mittelbare Täterschaft in § 25 I 2.Alt. gesetzlich verankert ist. In der Literatur hat sich die **Tatherrschaftslehre** herausgebildet. Täter ist danach, wer die Tatherrschaft über das Tatgeschehen hat. Tatherrschaft ist das vom Vorsatz umfasste „In-den-Händen-halten" des tatbestandsmäßigen Geschehensablaufes. B besorgte im Bsp. lediglich die Waffe und erfüllte kein Tatbestandsmerkmal der §§ 249, 250. Er hielt die Tat nicht in den Händen und konnte sie nicht lenken. Somit kommt er nur als Gehilfe in Betracht, da sein „Minus" bei der Tatausführung auch nicht durch ein „Plus" bei der Tatvorbereitung kompensiert wird. Die Rspr. vertrat früher eine **subjektive Theorie** (auch: animus-Theorie). Nach dieser ist die innere Willensrichtung das Abgrenzungskriterium. Wer die Tat als eigene will (animus auctoris), ist Täter. Wer hingegen die fremde Tat lediglich fördern oder veranlassen will (animus socii), ist Teilnehmer. An der subjektiven Theorie hält die Rspr. zwar heute noch fest, versieht sie jedoch mit einer **Objektivierung** dahingehend, dass die subjektive Einstellung des Täters zur Tat aufgrund einer wertenden Gesamtbetrachtung beurteilt wird. B besaß laut Sachverhalt ein großes Interesse am Gelingen der Tat. Die Beute sollte <u>zur Hälfte</u> unter den Tätern geteilt werden. Nach der Rspr. besäße er daher animus auctoris und käme als Täter in Betracht. Letztlich wird dieser neue Ansatz der Rspr. – vor allem mit Blick auf die objektiven <u>und</u> subjektiven Elemente, aus denen eine Straftat besteht – begrüßt. Der Synthese aus objektiver und subjektiver Seite kann jedoch eher die Tatherrschaftslehre gerecht werden. B ist daher nur Teilnehmer.

In welchen bekannten Fällen vertrat der BGH eine extrem-subjektive Theorie?

Bsp. 1: Die in einer streng katholischen Familie aufgewachsene 22-jährige M brachte nach einer geheim gehaltenen Schwangerschaft ein uneheliches Kind zur Welt. Damit ihre Familie davon nichts erfährt, möchte sie das Kind in der Badewanne ertränken, ist hierfür aber vor allem durch die Folgen der Geburt zu schwach. Sie bittet daher ihre Schwester S, das Kind zu ertränken, was diese auch vornimmt. War S (Allein-)Täterin?

Bsp. 2: Der russische Agent Staschynskij tötet auf Weisung des sowjetischen Geheimdienstes in Deutschland heimtückisch den Klassenfeind Karl. Ist Staschynskij Täter?

Was muss in einem ersten Schritt geprüft werden, bevor auf die verschiedenen Abgrenzungskriterien von Täterschaft und Teilnahme eingegangen werden kann?

Literatur: *Lackner/Kühl*, 28. Auflage, Vor § 25 Rn. 3ff; *Heinrich*, StrafR AT, 4. Aufl., § 33 III Rn. 1205; *Kühl*, Strafrecht AT, 7. Aufl., § 20.

Die extrem-subjektive Theorie vertrat das RG im **Badewannen- und Staschynskijurteil**. Hätte das RG im **Badewannenfall** (siehe Bsp. 1) eine Täterschaft der unmittelbar handelnden S angenommen, wäre sie nach damaligem Recht mit dem Tode bestraft worden, obwohl das Interesse an der Tat ausschließlich bei der M lag. Daher vertrat das RG ergebnisorientiert eine **extrem-subjektive Theorie.** Nach dieser kann in Ausnahmefällen ein Täter trotz Verwirklichung des gesetzlichen Tatbestandes in eigener Person wegen **mangelnden Eigeninteresses** nur als Gehilfe bestraft werden. S mangelte es an jeglichem Eigeninteresse, sodass sie nur mit „animus socii" handelte und als Gehilfin in Betracht kam.
Ähnlich verhielt es sich im **Staschynskijurteil**. Auch hier lagen alle Tätermerkmale vor, Staschynskij war jedoch nur Werkzeug eines großen, im Hintergrund agierenden Machtapparates. Auch der BGH wand hier die extrem-subjektive Theorie an, ergänzt mit dem Zusatz, dass eine Person nicht nur wegen mangelnden Eigeninteresses sondern auch in einem **Unterordnungsverhältnis** stehend als Gehilfe in Betracht kommen kann. Staschynskij war daher nur Gehilfe.
Die extrem-subjektive Theorie wird inzwischen als **überholt** angesehen und ist mit der heutigen Fassung des § 25 I 1. Alt. nicht mehr vereinbar. Erfüllt eine Person den gesetzlichen Tatbestand eigenhändig, kann sie auch nur als Täter bestraft werden. Spätestens seit den Mauerschützenprozessen, in denen der BGH die „Mauerschützen" als Täter eines Totschlags bzw. Mordes bestrafte, obwohl sie lediglich Handlanger eines hinter ihnen stehenden Machtapparates waren, wurde die extrem-subjektive Theorie auch von der Rspr. aufgegeben.

Vor der Darstellung des Theorienstreits von KK 52 muss zunächst geprüft werden, ob die einzelnen Beteiligten überhaupt die sonstigen, **für eine Täterschaft notwendigen Merkmale** in ihrer Person aufweisen. Es wäre falsch, die Abgrenzungstheorien zu erörtern, wenn der Täterkreis eines Delikts derart eingegrenzt ist, dass eine Täterschaft des Beteiligten schon aus diesem Grunde ausscheidet. Bei **Sonderdelikten** können nur Personen aus dem gesetzlich umschriebenen Personenkreis Täter sein; im Rahmen von **eigenhändigen Delikten** muss der Täter den Tatbestand persönlich erfüllen; **Pflichtdelikte** bestehen in der Verletzung tatbestandsspezifischer Sonderpflichten durch Tun oder Unterlassen; bei **Absichtsdelikten** kann nur Täter sein, wer die im Tatbestand genannte Absicht besitzt.

Lektion 10: Beteiligungslehre: Mittelbare Täterschaft, § 25 I 2. Alt.

Skizzieren Sie die Prüfung der mittelbaren Täterschaft!

Wodurch ist die mittelbare Täterschaft gekennzeichnet?

Gibt es Delikte, bei denen die mittelbare Täterschaft von vornherein ausgeschlossen ist?

Literatur: *Lackner/Kühl*, 28. Auflage, § 25 Rn. 2ff; *Heinrich*, StrafR AT, 4. Aufl., § 35; *Kühl*, Strafrecht AT, 7. Aufl., § 20 Rn. 38ff.

Beteiligungslehre: Mittelbare Täterschaft, § 25 I 2. Alt.

A. Strafbarkeit des Tatnäheren
B. Strafbarkeit des Hintermanns als mittelbarer Täter

- I. Tatbestandsmäßigkeit
  - 1. Objektiver Tatbestand
    - a) Besondere Tätermerkmale (z.B. Amtsträger in § 331 I)
    - b) keine eigenhändige Verwirklichung aller Tatbestandsmerkmale
    - c) Zurechnung gem. § 25 I Alt. 2 (Willens- oder Wissensherrschaft)
      Werkzeugeigenschaft wegen eines Defekts des Tatmittlers:
      ⇨ im objektiven / subjektiven Tatbestand / in der RW / in der Schuld
      ⇨ Sonderfall: Organisationsherrschaft
  - 2. Subjektiver Tatbestand
    - a) Vorsatz bzgl. aller objektiven Tatbestandsmerkmale (inkl. Tatherrschaft)
    - b) sonstige subjektive Tatbestandsmerkmale
  - 3. evtl Tatbestandsannex
- II. Tatbestandsverschiebung nach § 28 II
- III. / IV. Rechtswidrigkeit / Schuld

Bei der **mittelbaren Täterschaft** begeht der Täter die tatbestandsmäßige Handlung nicht selbst, sondern durch einen von ihm beherrschten Tatmittler, der quasi als **„menschliches Werkzeug"** agiert. Der mittelbare Täter bzw. Hintermann hält dabei das Geschehen in der Hand, besitzt mithin Tatherrschaft, während der Tatmittler bzw. der Vordermann irgendeinen „**Defekt**" in der Strafbarkeit aufweist, sodass er strafrechtlich im Hinblick auf dieses Vorsatzdelikt nicht zur Verantwortung gezogen werden kann.

Auch bei der mittelbaren Täterschaft muss geprüft werden, ob sie bei manchen Delikten nicht **ausscheidet**. Dies ist der Fall bei **eigenhändigen Delikten**, da der Hintermann die Hdl. nicht selbst unmittelbar vornimmt, und bei **Sonder- und Pflichtdelikten**, sofern dem Hintermann die besondere Pflichtenstellung fehlt. Auch bei Fahrlässigkeitsdelikten ist eine mittelbare Täterschaft nicht möglich.

Lektion 10: Beteiligungslehre: Mittelbare Täterschaft II

Skizzieren Sie die Formen der mittelbaren Täterschaft!

Skizzieren Sie die Willensherrschaft kraft Irrtums anhand folgender Beispiele:

Bsp. 1: Arzt A veranlasst die Krankenschwester B, dem C eine vermeintliche Beruhigungsspritze zu geben, die in Wahrheit von A mit tödlichem Gift gefüllt wurde. C stirbt nach Erhalt der Injektion.

Bsp. 2: A erzählt seinem Schauspielkollegen B, dass C die Pistolenattrappe gegen eine echte Waffe ausgetauscht hätte und ihn in der nächsten Szene erschießen würde. Als C laut Regieanweisung mit der tatsächlichen Attrappe ansetzt, erschießt ihn der B.

Bsp. 3: A erzählt B wahrheitswidrig, die Frau des B könne jeden Augenblick von der C getötet werden, wenn B nichts unternehme. Aus Angst um das Leben seiner Frau tötet B die C.

Bsp. 4: A überredet B, C in der Fabrikhalle einzusperren. B stimmt nur deshalb zu, weil A ihm versichert, dass ein anderer Kollege den C spätestens nach einer halben Stunde finden wird. In Wirklichkeit waren alle Arbeiter bereits in den Feierabend verschwunden, was A auch wusste.

Bsp. 5: A spiegelte den Alliierten im Frühjahr 1945 unter niedrigen Beweggründen vor, B habe an der Vernichtung tausender Juden mitgewirkt, damit sie diesen erschießen, was auch geschah.

Bsp. 6: Attentäter A will B aus weiter Entfernung mit einem Präzisionsgewehr erschießen. C spiegelt ihm vor, die sich gerade auf der Straße befindende Person sei B. In Wahrheit war es D, den C schon lange eliminiert haben wollte. A erschießt den D in der Annahme, es sei der B.

Beteiligungslehre: Mittelbare Täterschaft II

Willensherrschaft…

…kraft **Nötigung**	…kraft **Irrtums**	…kraft **organisatorischer Machtapparate** (str.)	…bei **Schuldunfähigen/ verm. Schuldfähigen**	…bei **absichtslos dolosem Wz**
Bsp: A nötigt B zu einer Körperverletzung (z.B. § 224 I Nr. 3), indem er droht, den B oder dessen Schwester umzubringen.	s.u.	*Bsp:* Mitglieder des "Nationalen Verteidigungsrates" der ehemaligen DDR sind mittelb. Täter für die Tötung von "Republikflüchtlingen" durch Grenzsoldaten.		siehe KK 56

Der Vordermann handelt **ohne Vorsatz** (siehe Bsp. 1)
Der Vordermann irrt über die sachlichen Voraussetzungen eines **Rechtfertigungsgrundes** (siehe Bsp. 2)
Der Vordermann handelt im **Verbotsirrtum** (Katzenkönig-Fall - BGHSt 35, 347)
Der Vordermann irrt über die Voraussetzungen des **entschuldigenden Notstands** (siehe Bsp. 3)
Der Vordermann handelt **volldeliktisch**

Täuschung über

die Unrechtshöhe	**qualifikations-begründende Umstände**	**die Identität des Opfers**
siehe Bsp. 4	siehe Bsp. 5	siehe Bsp. 6

Nach einer *a.A.* ist der Hintermann in Bsp. 4-6 **Anstifter**. Krit: ist es schwer einzusehen, warum im Rahmen des manipulierten error in pers. (Bsp. 5) C Anstifter sei, wollte doch A die auf der Straße befindliche Person töten. Es bedurfte bzgl. der Tötung <u>eines Menschen</u> weder eines Hervorrufens des Tatentschlusses noch eines Hilfeleistens.

Lektion 10: Beteiligungslehre: Mittelbare Täterschaft III

Wann ist ein Handelnder „absichtslos dolos“?

Ist die Willensherrschaft bei absichtslos dolosem Werkzeug heute noch relevant?

Bsp. 1: Hintermann H fordert Vordermann V dazu auf, für ihn, den H, eine Sache zu stehlen (rauben/unterschlagen).

Bsp. 2: Vordermann V handelt bei Drittzueignung nicht mit einer darauf gerichteten Absicht, sondern nur mit schlichtem Vorsatz o. dolus eventualis.

Wie werden Irrtümer des Hintermanns über tatherrschaftsbegründende Umstände behandelt?

Bsp. 1: A veranlasst den B zu einer Straftat. Er geht dabei subjektiv davon aus, dass B mit Vorsatz handeln werde. B handelt jedoch unvorsätzlich.

Literatur: *Lackner/Kühl*, 28. Auflage, § 25 Rn. 4; *Heinrich*, StrafR AT, 4. Aufl., § 35 II; *Kindhäuser*, StrafR AT, 7. Aufl., § 39 III; *Kühl*, Strafrecht AT, 7. Aufl., § 20 Rn. 46ff.

Beteiligungslehre: Mittelbare Täterschaft III

„Absichtslos dolos" ist ein Handelnder, der alle objektiven Tatbestandsmerkmale eines Delikts bewusst verwirklicht, dem jedoch die für das Delikt **spezifische Absicht** (wie z.B. bei §§ 242, 253, 263) fehlt.

Die Willensherrschaft bei absichtslos dolosem Werkzeug spielte eine Rolle, als es bei den einschlägigen Vermögens- und Eigentumsdelikten die **Drittzueignungs- bzw. Drittbereicherungsabsicht** noch nicht gab. So konnte nach h.M. und Rspr. im Bsp. 1 der V nicht Täter sein, weil er die Sache nicht „sich", sondern dem H zueignen wollte. Stattdessen sollte H mittelbarer Täter und V sein „absichtslos doloses Werkzeug" sein. Begründet wurde dies damit, dass auch derjenige eine beherrschende Stellung im Tatgeschehen habe, der die Absicht mitbringe, von deren Vorliegen die Begehung einer Absichtsstraftat abhänge („normative Tatherrschaft"). Andere hielten dem entgegen, dass eine Absicht allein zu keine Tatherrschaft über einen vollverantwortlich handelnden Täter führen kann.
Nachdem inzwischen bei allen einschlägigen Vermögens- und Eigentumsdelikten die Drittzueignungs- bzw. Drittbereicherungsabsicht normiert ist, stellt sich die Frage der Willensherrschaft bei absichtslos dolosem Werkzeug zwar nicht mehr in dieser Form. Sie wurde jedoch auch nicht obsolet. Im Bsp. 2 ist V wegen fehlender Zueignungsabsicht nicht Täter. Hintermann H wäre bei Zueignungsabsicht jedoch gem. §§ 242 I, 25 I Alt. 2 strafbar.

A wusste nicht, dass B unvorsätzlich handelte. Mangels Kenntnis des tatherrschaftsbegründenden Umstands fehlt es A daher am **Tatherrschaftswillen**. Sowohl nach der subjektiven Theorie als auch nach der Tatherrschaftslehre wäre er nicht mittelbarer Täter. Eine vollendete Anstiftung müsste eigentlich aufgrund der fehlenden vorsätzlichen rechtswidrigen Haupttat ausscheiden. *Fraglich ist jedoch, ob dieser Mangel durch die (lediglich) objektiv vorliegende mittelbare Täterschaft überwunden werden kann.* Nach **einer Ansicht** ist dies möglich, da die mittelbare Täterschaft die schwerere Beteiligungsform und lediglich eine höhere Stufe derselben Rechtsgutsverletzung darstellt. Die **Gegenansicht** sieht dafür angesichts des Gesetzeswortlauts des § 26 keinen Spielraum. Anderenfalls hätte der Gesetzgeber diesen Fall in eine Vorschrift umgewandelt. Im Ergebnis ist A daher nur wegen versuchter Anstiftung zum Verbrechen nach § 30 I iVm. der betreffenden Straftat strafbar.

Lektion 10: Beteiligungslehre: Mittelbare Täterschaft IV

Bsp. 2: A veranlasst den B zu einer Straftat. Er geht dabei subjektiv davon aus, dass B ohne Vorsatz handeln werde. B handelt jedoch vorsätzlich.

Wie werden Irrtümer des Hintermanns über sonstige tatherrschaftsbegründende Umstände behandelt?

Bsp. 3: A ist geisteskrank, was B nicht weiß. B fordert den A auf, den C zu töten, was A auch macht.

Bsp. 4: B hat gehört, A sei gerade aus der geschlossenen Anstalt entflohen und hält ihn für geisteskrank. Er fordert den A auf, C zu töten. A, der bei gesundem Verstand ist, geht auf diese Forderung ein.

Wie wirkt es sich auf den Hintermann aus, wenn der Vordermann einem error in persona unterliegt (der im Gegensatz zum Bsp. 6 von KK 55 nicht durch Täuschung des Hintermanns hervorgerufen wurde)?

Bsp. 5: A bittet die nichts ahnende Stationsschwester S, dem in Zimmer 26 liegenden F eine Beruhigungsspritze zu geben. Er übergab ihr dabei eine Spritze, die er vorher mit tödlich wirkendem Gift füllte, da F eine Affäre mit der Frau des A hatte. S verabreicht die Spritze jedoch dem O, der das Zimmer mit F getauscht hatte.

Literatur: *Lackner/Kühl*, 28. Auflage, § 25 Rn. 2ff; *Kindhäuser*, StrafR AT, 7. Aufl., § 39 III; *Jäger*, StrafR AT, 7. Aufl., Rn. 251a,b; *Heinrich*, StrafR AT, 4. Aufl., § 35 II; *Kühl*, StrafR AT, 7. Aufl., § 20 Rn. 46ff.

Beteiligungslehre: Mittelbare Täterschaft IV

A geht in Bsp. 2 subjektiv davon aus, dass er mittelbarer Täter ist. Nach der (inzw. objektivierten) subjektiven Theorie der Rspr. wäre § 25 I 2. Alt daher erfüllt. Die zu befürwortende (siehe KK 52) Tatherrschaftslehre verneint hier eine mittelbare Täterschaft, da ein In-den-Händen-halten angesichts des Vorsatzes des B nicht gegeben ist. § 25 I 2. Alt ist nicht einschlägig. In der sich anschließenden Prüfung des § 26 muss die vorsätzlich rechtswidrige Haupttat bejaht werden. *Fraglich ist, ob der Anstiftervorsatz auch angenommen werden kann, wenn der Täter subjektiv von einer mittelbaren Täterschaft ausging.* Ein Teil der Literatur verneint dies mit dem Hinweis, dass das Bestimmen zu einer unvorsätzlichen Tat nicht gleichzusetzen ist mit dem Bestimmen zu einer vorsätzlichen Tat. Die **h.M.** sieht den Teilnamewillen hingegen als **„Minus"** im Willen zur eigenen mittelbaren Täterschaft an. Somit wäre die Strafbarkeit nach § 26 zu bejahen. ***Achtung:*** Kommen als Straftaten die §§ 154 oder 348 in Betracht, wäre der Strafrahmen für eine (wie oben begründeten) Anstiftung zu diesen Delikten weitaus größer als der für die (quasi)mittelbare Täterschaft zu diesen Delikten. Aus diesem Grund muss ausnahmsweise aus den §§ 160 bzw. 271 bestraft werden.

Geht der Hintermann von der Schuld des tatsächlich schuldlos handelnden Vordermanns aus (Bsp. 3), ergibt die objektive Lage eine mittelbare Täterschaft. Diese scheitert jedoch am **fehlenden Tatherrschaftswillen**. Trotz der Schuldlosigkeit des Vordermanns liegt jedoch eine vorsätzliche und rechtswidrige Haupttat vor. Somit ist eine Strafbarkeit wegen **Anstiftung** zum Mord möglich.
Nimmt der Hintermann hingegen fälschlicherweise an, der Vordermann handele schuldlos (Bsp. 4), scheitert die mittelbare Täterschaft an der nicht vorhandenen Tatherrschaft. Wie auch schon im Bsp. 2 liegt zwar eine vorsätzliche rechtswidrige (und sogar schuldhafte) Haupttat vor, der Hintermann besaß jedoch Vorsatz bzgl. der mittelbaren Täterschaft und keinen Anstiftervorsatz. Auch hier ist jedoch der **Anstiftervorsatz als Minus** beim Täter vorhanden. Eine Strafbarkeit gem. § 26 ist daher möglich.

Nach e.A. stellt der error in persona für den Hintermann eine **aberratio ictus** dar. Die **h.M. differenziert:** Ist die Objektsindividualisierung dem Vordermann überlassen worden, muss sich der Hintermann den error in persona als eigenen zurechnen lassen. Handelt der Vordermann jedoch weisungswidrig, stellt sich das Geschehen als Exzess dar u. die für den Hintermann günstigeren Regeln der aberratio ictus finden Anwendung.

Lektion 10: Beteiligungslehre: Mittäterschaft, § 25 II

Skizzieren Sie die Prüfung der Mittäterschaft!

Inwiefern sind lediglich im Vorbereitungsstadium eines Delikts aktiv Beteiligte Mittäter?

Bsp.: A, B, C und D planen, ein Casino zu überfallen. Der planende Kopf von allen ist A. Er durchdenkt den Überfall minutiös und weist jedem seiner Komplizen einen Auftrag zu. Er selbst ist während des Überfalls nicht am Tatort, sondern sitzt in seinem Wohnzimmer. Ist A Mittäter?

Literatur: *Lackner/Kühl*, 28. Auflage, § 25 Rn. 9ff; *Heinrich*, StrafR AT, 4. Aufl., § 34; *Beulke*, KLK III, 3. Aufl., Rn. 687; *Kühl*, Strafrecht AT, 7. Aufl., § 20 Rn. 98ff.

Beteiligungslehre: Mittäterschaft, § 25 II

A. Strafbarkeit des Tatnäheren *(nur bei getrenntem Aufbau)*

B. Strafbarkeit des Mittäters

I. Tatbestandsmäßigkeit

1. Objektiver Tatbestand
   a) Besondere Tätermerkmale (z.B. Amtsträger in § 331 I)
   b) keine eigenhändige Verwirklichung aller Tatbestandsmerkmale
   c) Zurechnung gem. § 25 II Alt. 2 (funktionale Tatherrschaft)
      ⇨ gemeinsamer Tatplan *(subjektives Element im objektiven Tatbestand!)*
      ⇨ gemeinsame Tatausführung (Tatherrschaftslehre / subj. Theorie)
2. Subjektiver Tatbestand
   a) Vorsatz bzgl. aller objektiven Tatbestandsmerkmale (inkl. Tatherrschaft)
   b) sonstige subjektive Tatbestandsmerkmale
3. evtl Tatbestandsannex

II. Tatbestandsverschiebung nach § 28 II

III. Rechtswidrigkeit

IV. Schuld

Folgt man der **subjektiven Theorie** der Rspr., ergeben sich aufgrund des überragenden Interesses am Taterfolg und dem Willen zur Tatherrschaft, der in der detaillierten Planung zum Ausdruck kommt, keine Probleme hinsichtlich der Annahme einer Mittäterschaft. Die Vertreter der **Tatherrschaftslehre** sind sich uneinig. Die strenge Tatherrschaftslehre verlangt eine **Mitwirkung im Ausführungsstadium**. Danach wäre A nicht Mittäter. Für die überwiegende Zahl der Vertreter der Tatherrschaftslehre kann auch ein nur im Vorbereitungsstadium Tätiger Mittäter sein. **Das Beteiligungsminus im Ausführungsstadium müsse jedoch durch ein Plus im Vorbereitungsstadium ausgeglichen werden.** A hat die Tat minutiös geplant, er ist danach Mittäter. Angesichts der überragenden Bedeutung eines detaillierten Planes ist dies auch sachgerecht.

Lektion 10: Beteiligungslehre: Anstiftung / Beihilfe

Skizzieren Sie die Prüfung der Anstiftung (§ 26) und der Beihilfe (§ 27)!

Literatur: *Lackner/Kühl*, 28. Auflage, § 26 Rn. 1ff, § 27 Rn. 1ff; *Heinrich*, StrafR AT, 4. Aufl., §§ 37, 38; *Kühl*, Strafrecht AT, 7. Aufl., § 20 Rn. 166ff, 211ff.

Beteiligungslehre: Anstiftung, § 26

I. Tatbestandsmäßigkeit

1. Objektiver Tatbestand

- a) Tatbestandsmäßige, rechtswidrige, fremde Haupttat (mindestens versucht)
- b) Teilnahmebeitrag
  Bestimmen zur Haupttat
  - Ⓟ Schaffung einer tatanreizenden Situation
  - Ⓟ Omnimodo facturus
  - Ⓟ Umstiftung, Abstiftung, Aufstiftung

2. Subjektiver Tatbestand

- a) Vorsatz d. Anstifters bzgl. des Erfolgs der Haupttat
  - Ⓟ Wie konkret muss die Vorstellung d. Haupttat sein?
  - Ⓟ agent provocateur
  - Ⓟ Exzess des Täters
    - ⇨ vorsätzlich
    - ⇨ unvors. (error in pers des Täters)
- b) Vorsatz d. Anstifters bzgl. Bestimmens

3. evtl Tatbestandsannex

II. Tatbestandsverschiebung nach § 28 II

III. / IV. Rechtswidrigkeit / Schuld

V. Strafmilderung nach § 28 I

Beihilfe, § 27

I. Tatbestandsmäßigkeit

1. Objektiver Tatbestand

- a) Tatbestandsmäßige, rechtswidrige, fremde Haupttat (mindestens versucht)
- b) Teilnahmebeitrag
  Hilfeleisten zur Haupttat
  - Ⓟ Kausalität zw. Gehilfenbeitrag und Erfolg der Haupttat
  - Ⓟ Psychische Beihilfe
  - Ⓟ Neutrale Handlungen
  - Ⓟ Beihilfe durch Unterlassen
  - Ⓟ Sukzessive Beihilfe

2. Subjektiver Tatbestand

- a) Vorsatz d. Gehilfen bzgl. des Erfolgs der Haupttat
  - Ⓟ Wie konkret muss die Vorstellung d. Haupttat sein?
- b) Vorsatz d. Gehilfen bzgl. des eigenen Gehilfenbeitrags

3. evtl Tatbestandsannex

II. Tatbestandsverschiebung nach § 28 II

III. Rechtswidrigkeit

IV. Schuld

V. Strafmilderung nach § 28 I

Lektion 10: Beteiligungslehre: Anstiftung/Beihilfe II

Was besagt der Grundsatz der limitierten Akzessorietät?

Welche Akzessorietätslockerungen kennen Sie?

Literatur: *Lackner/Kühl*, 28. Auflage, § 28 Rn. 1ff; *Heinrich*, StrafR AT, 4. Aufl., § 36 II, 39 III; *Kühl*, Strafrecht AT, 7. Aufl., § 20 Rn. 135ff.

Beteiligungslehre: Anstiftung / Beihilfe II

Nach dem Grundsatz der **limitierten Akzessorietät** setzen Anstiftung und Beihilfe eine **vorsätzliche rechtswidrige Haupttat** iSd. § 11 I Nr. 5 StGB voraus. Aus § 29 ergibt sich, dass eine schuldhaft verwirklichte Haupttat nicht erforderlich ist, sodass die Akzessorietät limitiert ist.

Sowohl für den Anstifter als auch für den Gehilfen richtet sich die Strafe grds. nach der für den Täter geltenden Strafdrohung. Für die Beihilfe sieht **§ 27 II** eine obligatorische Strafmilderung nach § 49 vor. Zusätzliche Akzessorietätslockerungen enthalten die **§§ 28, 29**. Diese können bewirken, dass die Beteiligten aus unterschiedlichen Straftatbeständen bestraft werden können. Sowohl § 28 I als auch § 28 II beziehen sich auf besondere persönliche Merkmale. Sie sind in § 14 I legaldefiniert und stellen „besondere persönliche Eigenschaften, Verhältnisse oder Umstände dar". Man spricht auch von **täterbezogenen Merkmalen**. Fehlt bei dem Teilnehmer ein besonderes persönliches Merkmal, das die Strafbarkeit **begründet** (das Vorliegen der besonderen persönlichen Merkmale ist nach der tatbestandlichen Fassung erforderlich, damit es überhaupt zu einer Strafbarkeit wegen eines bestimmten Delikts kommen kann), ist die Strafe nach § 49 zu mildern. § 28 I beschreibt also einen obligatorischen Strafmilderungsgrund, der **nach der Schuld** geprüft wird. Liegt hingegen das besondere persönliche Merkmal lediglich beim Teilnehmer, nicht jedoch beim Haupttäter vor, kommt eine Teilnehmerstrafbarkeit schon deshalb nicht in Frage, weil es an der Haupttat fehlt. Anders hingegen § 28 II. Dieser regelt den Fall, dass besondere persönliche Merkmale die Strafe **schärfen, mildern oder ausschließen**. Das bedeutet, dass die besonderen persönlichen Merkmale jeweils bei demjenigen, bei dem sie vorliegen, zu einer **Qualifikation, Privilegierung** oder zu einem **Strafaufhebungsgrund** führen. Diese besonderen persönlichen Merkmale gelten gem. § 28 II nur für denjenigen, bei dem sie vorliegen. Es kommt zu einer **Tatbestandsverschiebung** und die Prüfung erfolgt – im Gegensatz zu § 28 I – nicht nach der Schuld, sondern im Tatbestand. Achtung: Besonders brisant ist § 28 in Kombination mit § 211! Hier kommt es maßgeblich auf das umstrittene Verhältnis zu § 212 an.

§ 29 regelt, dass spezielle Schuldmerkmale nur bei dem jeweiligen Beteiligten gelten. Spezielle Schuldmerkmale sind Schuldausschließungs- und Schuldmilderungsgründe. Besonders im Rahmen der Teilnahme an erfolgsqualifizierten Delikten (die nach § 11 II als vorsätzliche Delikte gelten und damit teilnahmefähig sind) erweist sich § 29 als prüfungsrelevant.

Lektion 10: Beteiligungslehre: Versuch der Beteiligung, § 30

Wo ist der Versuch der Beteiligung geregelt?

Skizzieren Sie den Prüfungsaufbau von § 30 I StGB!

Literatur: *Lackner/Kühl*, 28. Auflage, § 30 Rn. 1ff; *Heinrich*, StrafR AT, 4. Aufl., § 39 IV; *Kühl*, Strafrecht AT, 7. Aufl., § 20 Rn. 243ff.

Beteiligungslehre: Versuch der Beteiligung, § 30

Der Versuch der Beteiligung ist in § 30 geregelt. § 30 I stellt die versuchte Anstiftung zu einem Verbrechen unter Strafe, § 30 II bestraft denjenigen, der sich zur Begehung eines Verbrechens bereit erklärt oder zur Begehung eines solchen verabredet. **Die versuchte Beihilfe ist straflos**. Möglich ist jedoch eine strafbare Beihilfe zum Versuch (z.B. §§ 223 I, 22, 23 I, 27 I, II).

0. Vorprüfung

1. Der beabsichtigte Haupttäter
   a) fasste keinen Tatentschluss
   b) fasste einen Tatentschluss, setzte jedoch nicht zum Versuch an
   c) war bereits omnimodo facturus
2. Strafbarkeit der versuchten Anstiftung/ Kettenanstiftung
   a) Verbrechen (§ 30 I 1) - Ⓟ in wessen Person muss die beabsichtigte Tat ein Verbrechen sein?
   b) Sonderfall des § 159 beachten

I. Tatbestandsmäßigkeit

1. Tatentschluss bzgl. der Anstiftung
   a) Vorsatz bzgl. der Verwirklichung einer vorsätzlichen rechtswidrigen Haupttat – muss ein Verbrechen sein!
   b) Vorsatz bzgl. der Anstiftungshandlung
2. Unmittelbares Ansetzen zur Anstiftung

II. / III. Rechtswidrigkeit / Schuld

IV. Strafmilderung gem. §§ 30 I 2, 49 I

V. Rücktritt gem. § 31 I Nr. 1 oder II

Lektion 11: Konkurrenzen

Wie erfolgt die Prüfung der Gesetzeskonkurrenzen?

Literatur: *Lackner/Kühl*, 28. Auflage, Vor § 52ff; *Heinrich*, StrafR AT, 4. Aufl., § 40;
Kühl, Strafrecht AT, 7. Aufl., § 21.

Lektion 11: Konkurrenzen

Zunächst ist festzustellen, ob überhaupt **mehrere Gesetzesverletzungen** vorliegen. Ist das der Fall, ist zu untersuchen, ob **Handlungseinheit** oder **Handlungsmehrheit** vorliegt, wobei nur geprüft wird, ob Handlungseinheit gegeben ist. Ist dies nicht der Fall, liegt automatisch Handlungsmehrheit vor. **Handlungseinheit** liegt vor, wenn eine *Handlung im natürlichen Sinne* (ein Handlungsentschluss führt zu einer Willensbetätigung), eine *natürliche Handlungseinheit* (ein Handlungsentschluss führt zu mehreren Willensbetätigungen; Vorauss. str.) oder eine *juristische Handlungseinheit* (liegt vor bei mehraktigen o. zusammengesetzten Delikten, Dauerdelikten, Klammerwirkung u. früher bei der fortgesetzten Tat) vorliegt.
Bejaht man die Handlungseinheit, ist zu untersuchen, ob **Gesetzeskonkurrenz** (sog. unechte Konkurrenz) oder **Tateinheit** (Idealkonkurrenz) i.S.d. § 52 vorliegt. Gesetzeskonkurrenz heißt, dass von mehreren verwirklichten Tatbeständen nur einer oder wenige anwendbar sind und die übrigen zurücktreten. Fallgruppen der Gesetzeskonkurrenz sind die *Spezialität* (eine Norm enthält sämtl. Tbm einer anderen Vorschrift und zusätzlich ein weiteres Merkmal), *Subsidiarität* (eine Norm ist nur hilfsweise anzuwenden, wenn die vorrangige Vorschrift nicht eingreift; das ergibt sich entweder ausdrücklich aus der gesetzl. Bestimmung oder aus dem Sinnzusammenhang, sog. materielle Subsidiarität) und *Konsumtion* (Tb ist in einem anderen Tb nicht notwendig, jedoch typischerweise enthalten, so dass sein Unrechtsgehalt von dem schwereren Delikt konsumiert wird, str.). Liegt keine Gesetzeskonkurrenz vor, stehen die Delikte in Tateinheit nach § 52. Es handelt sich entweder um *gleichartige Idealkonkurrenz* (eine Handlung verletzt dasselbe Strafgesetz mehrmals) oder *ungleichartige Idealkonkurrenz* (eine Handlung verletzt verschiedene Strafgesetze). Die Strafe richtet sich nach dem schwersten der begangenen Delikte (eingeschränktes Absorptionsprinzip).
Wurde im ersten Prüfungsschritt festgestellt, dass keine Handlungseinheit besteht und mithin von Handlungsmehrheit auszugehen ist, muss im Anschluss untersucht werden, ob es sich um **Gesetzeskonkurrenz** oder **Tatmehrheit** (Realkonkurrenz) gem. § 53 handelt. Fallgruppen der Gesetzeskonkurrenz im Rahmen der Handlungsmehrheit sind die *mitbestrafte Vortat* (scheidet im Wege der Konsumtion oder Subsidiarität aus, str.) und die *mitbestrafte Nachtat* (Konsumtion, str.). Scheidet Gesetzeskonkurrenz aus, liegt Tatmehrheit vor. In Betracht kommen *gleichartige Realkonkurrenz* (mehrere Handlungen verletzen dasselbe Strafgesetz mehrmals) und *ungleichartige Realkonkurrenz* (mehrere Handlungen verletzen verschiedene Strafgesetze). Nach dem sog. Asperationsprinzip wird eine Gesamtstrafe gebildet.